AUX ORIGINES DE VAL SAINT-CÔME

Hugues Boisvert

Aux origines de Val Saint-Côme
Hugues Boisvert
© 2014 Les Éditions JFD inc.

Catalogage avant publication de Bibliothèque et Archives nationales du Québec et Bibliothèque et Archives Canada

Boisvert, Hugues

Aux origines de Val Saint-Côme

ISBN 978-2-923710-46-4

1. Val-Saint-Côme (Station de ski) – Histoire. 2. Ski – Québec (Province) – Saint-Côme – Histoire. 3. Stations de ski – Québec (Province) – Saint-Côme – Histoire. I. Titre.

GV854.8.C32Q8 2013   796.9309714'418   C2013-942444-X

Éditions JFD inc.
CP 15 Succ. Rosemont
Montréal (Québec) H1X 3B6
Téléphone : 514-999-4483
Courriel : info@editionsjfd.com

Tous droits réservés.
Toute reproduction, en tout ou en partie, sous quelque forme et par quelque procédé que ce soit, est interdite sans l'autorisation écrite préalable de l'éditeur.

ISBN : 978-2-923710-46-4
Dépôt légal : 1er trimestre 2014
Bibliothèque et Archives nationales du Québec
Bibliothèque et Archives Canada

Graphisme : Jean-Sébastien Delorme et Janilie Fleury
Infographie et graphisme : Adrien Rowen
Correction et révision de texte : Marie Gravel

L'intérieur de ce livre est imprimé sur du *Rolland Enviro100S*, contenant 100 % de fibres recyclées postconsommation, certifié *Éco-Logo*, *Procédé sans chlore*, *FSC® Recyclé* et fabriqué à partir d'énergie biogaz.

Imprimé au Québec

Remerciements

Mes remerciements vont à ma conjointe Marie-Andrée Caron qui m'a relu et corrigé. Elle a sacrifié quelques weekends à dépersonnaliser le texte lorsqu'il devenait trop émotif et à toujours garder un ton positif malgré les grandeurs et les misères de l'odyssée des premières années.

Ils vont aux habitués de Val Saint-Côme qui ont démontré beaucoup d'enthousiasme envers ce projet et m'ont consacré une entrevue, Normand Longchamps, Line Richard, Guy Vincent, Michel Leduc, Suzanne Lavoie et Jean-Pierre Limoges, Omer Crôteau et François Chevrier. Merci à Alexandre Bilodeau qui m'a fait parvenir un courriel.

Mes remerciements vont à trois fondateurs, à mon frère Mario et à deux amis de la première heure Bernard Coutu et Claude Houde qui m'ont encouragé et relu ce projet d'écriture.

Ils vont enfin à mon jeune éditeur Jean-François Déry qui a accepté de me publier.

À la mémoire de mes parents

*Mes parents Huguette Gagnon et Jean Boisvert,
ont fait naître un très grand projet, pour nous avoir
initiés au ski à un très jeune âge, mon frère Mario et moi.*

Aux amis fondateurs

*Ce projet n'aurait jamais pu voir le jour sans le dévouement total
des fondateurs de la station de ski Val Saint-Côme. Mario Boisvert,
Bernard Coutu, Alfred Geismayr, Jean-Guy Senez et Claude Houde
qui se sont donnés sans réserve dans ce projet.*

Préface

La station de ski Val Saint-Côme est née d'une très grande passion pour le ski et la région de Lanaudière, passion partagée par l'ensemble des fondateurs, animés d'un idéal commun.

Val Saint-Côme a accueilli la Coupe du monde en ski acrobatique en janvier 2013 (l'épreuve des sauts) et sera l'hôte en janvier 2014 de la dernière épreuve de la Coupe du monde en ski acrobatique en bosses et de l'avant-dernière épreuve en sauts tout juste avant les Olympiques de Sotchi en Russie. Ce qui montre bien qu'elle a connu, en 33 ans, une stratégie de développement fulgurante.

De plus, Val Saint-Côme a permis le développement d'une activité économique considérable dans un village qui était, avant la naissance la station de ski en 1980, touché de manière chronique par un taux de chômage très élevé en hiver.

L'histoire de Val Saint-Côme révèle aussi des apprentissages peu abordés dans les enseignements universitaires en gestion, montrant les véritables facteurs qui influent sur les décisions d'investissement, les décisions pour se relever des difficultés de financement, la gestion des liquidités, la mise en marché, la gestion d'employés et de partenariats, mais aussi les grandeurs et les misères de la collaboration entre des hommes animés par un même idéal.

Raconter les origines de Val Saint-Côme, c'est aussi ouvrir un journal intime, dévoilant un rêve confronté à une réalité parfois cruelle, illustrant un parcours en dents de scie, propre aux entreprises dont le succès dépend des conditions climatiques changeantes.

Je dédie cet ouvrage à la mémoire de mes parents ainsi qu'aux amis fondateurs.

Hugues Boisvert

TABLE DES MATIÈRES

REMERCIEMENTS 3

PRÉFACE 7

PARTIE I :
LE PROJET VAL SAINT-CÔME 11

Chapitre 1 : Tout commence avec un rêve 13
Chapitre 2 : Le rêve devient un projet 17
Chapitre 3 : Le projet est planifié 21

PARTIE II :
L'HISTOIRE EN CHIFFRES 29

Chapitre 4 : Une odyssée époustouflante 31
Chapitre 5 : La réalisation de cinq projets majeurs en sept ans 41

PARTIE III :
L'HISTOIRE RACONTÉE 53

Chapitre 6 : Le début à contre-courant de la saison 1979-1980 55
Chapitre 7 : La station accède aux ligues majeures, saison 1980-1981 ... 65
Chapitre 8 : La saison rêvée, 1981-1982 81
Chapitre 9 : L'épreuve ultime de la saison 1982-1983 87
Chapitre 10 : La saison de la survie, 1983-1984 95
Chapitre 11 : Des décisions ambitieuses lors de la saison 1984-1985 ... 101
Chapitre 12 : La dure prise de conscience de la saison 1985-1986 111

PARTIE IV :
L'HISTOIRE EN PHOTOS 117

PARTIE V :
ÉPILOGUE 135

Chapitre 13 : Un hommage aux fondateurs 137
Chapitre 14 : Les retombées de la station de ski Val Saint-Côme 141

PARTIE I
LE PROJET VAL SAINT-CÔME

Raconter l'origine de Val Saint-Côme, c'est raconter comment la concrétisation d'un rêve d'enfant amène à prendre des décisions parfois audacieuses.

Cette première partie comprend trois chapitres. Le premier rappelle l'émergence du rêve d'une station de ski dans Lanaudière. Le deuxième décrit comment ce rêve est devenu le projet de la station de ski alpin Val Saint-Côme. Le troisième révèle les embûches de la première saison de la station de ski Val Saint-Côme.

CHAPITRE 1

TOUT COMMENCE AVEC UN RÊVE

Toute ma famille faisait du ski, mais pas du ski comme on le connaît aujourd'hui. C'était une combinaison de ski de fond et de ski alpin sur des planches qu'on appelait des skis. Nos premiers skis, à mon frère et moi, étaient en bois, sans carres, ni base comme on les connaît aujourd'hui, seulement peinturés. Le printemps lorsque la neige devenait mouillée, elle s'y collait comme sur un bonhomme de neige. Ce n'était vraiment pas idéal pour faire naître un rêve.

L'ENFANCE AU LAC CLOUTIER

Notre amour pour la région de Lanaudière provient de nos premiers jours au lac Cloutier. Lors de notre deuxième année sur les « planches », il y a eu une grande nouvelle, il y aurait un centre de ski alpin au lac Cloutier, sur les terres d'un cultivateur du nom de Maurice Arbour, géré par la famille Tellier qui était propriétaire de la plus grande île du lac.[1] Ce centre de ski comportait un câble tirant les skieurs en haut d'une colline d'à peine 30 mètres de dénivellation. Ce fut notre première expérience d'une remontée mécanique et, en dépit de son caractère rudimentaire, elle fut pour nous une expérience grandiose.

Était née notre passion pour le ski alpin! Les deux années que ce centre fut en opération nous ont procuré des souvenirs à jamais gra-

---
[1] Je n'ai aucun document sur l'implication des membres de cette famille à ce centre sinon qu'ils étaient omniprésents dans cette opération. Je vous raconte de mémoire d'enfant que j'étais.

vés dans notre mémoire. Même si la descente nous grisait, la colline du lac Cloutier très vite ne présenta plus aucun défi pour mon frère et moi.

Déjà, j'imaginais un centre de ski plus épique dans plusieurs montagnes avoisinantes, beaucoup plus imposantes.

Une passion était née, nous étions devenus rapidement des mordus de ce sport.

LE CLUB DE SKI SERPENT

Durant mes études au Séminaire de Joliette, j'ai connu les centres intermédiaires des Laurentides, de Saint-Donat et de Sutton dans les Cantons de l'Est. Mon frère et moi sommes devenus membres du Club de ski Igloo, rattaché à une boutique de ski de la ville. Celui-ci organisait des excursions le dimanche dans divers centres de ski. C'était pour nous une occasion unique de skier dans plusieurs centres de ski alpin.

Le centre de ski SéJoli (pour **Sé**minaire de **Joli**ette), devenu plus tard Mont D'Ailleboust, m'a fait connaître ma toute première expérience de ski alpin de compétition. Les clercs St-Viateur étaient propriétaires d'une terre à Ste-Béatrix sur laquelle il y avait une colline de 50 mètres environ. Ils y avaient installé un téléski par câble pour les étudiants du séminaire et les membres de leur communauté. Des élèves plus vieux donnaient des cours de ski aux plus jeunes et nous traçaient des parcours de slalom. Mes congés y étaient consacrés. Comme au lac Cloutier, il y avait une colline, une seule piste et un câble.

À l'âge de 16 ans, je suis devenu l'un des responsables du Club de ski Igloo associé à la boutique de la ville. Ceci m'a donné l'idée de démarrer mon propre club de ski en association avec le Centre de loisirs du séminaire, le Club Serpent, nommé ainsi pour la technique de ski portant ce nom.

Cette expérience a été déterminante. J'y ai découvert ma fibre entrepreneuriale : j'ai dû présenter le projet au Conseil d'administration du Centre de loisirs du Séminaire où siégeaient des personnalités de la ville; demander des soumissions pour les autobus; contacter les centres de ski que nous voulions visiter pour obtenir des prix et recruter des membres. J'ai aussi recruté des collaborateurs dans les écoles secondaires de la ville. À leur tour, ceux-ci recrutaient des membres pour le club de ski. Notre objectif était de réunir tous les adolescents qui faisaient du ski.

C'est ainsi que j'ai organisé plusieurs excursions de ski cette année-là : cours de ski le samedi dans un petit centre, le Mont de Lanaudière à St-Gabriel de Brandon et des excursions dans des centres plus éloignés le dimanche, dans les Laurentides, les Cantons de l'Est et même à Québec. Ce fut un succès.

Mes centres de ski préférés étaient ceux qui avoisinaient les 300 mètres de dénivellation, le Mont Blanc à Saint-Faustin ou encore le Mont Jasper, La Réserve et le Mont Garceau à Saint-Donat. Bien que les trois derniers centres de ski soient de la région de Lanaudière, la route n'était pas facile à cette époque. En hiver, partant de Joliette en autobus, il fallait y mettre trois heures.

Durant ces années, j'ai aussi fait de la compétition en ski alpin, ce qui a ajouté à mon exposition à divers centres de ski.

L'ÉMERGENCE DU RÊVE

J'ai beaucoup aimé skier dans les petits centres de ski de Lanaudière : au Parc Montcalm, toujours en opération, au Mont de Lanaudière à St-Gabriel-de-Brandon et bien sûr à Séjoli, à Ste-Béatrix, devenu par la suite le Mont D'Ailleboust. On s'y retrouvait partout entre amis, comme en famille. Cependant, je rêvais de développer un centre dont la dénivellation serait beaucoup plus importante, comparable au Mont-Jasper à Saint-Donat, dont j'appréciais l'orientation ouest et l'ambiance familiale. Je rêvais d'un centre où tout le monde se parle, d'un centre qui favoriserait les écoles de ski et les clubs de compétition, voire même d'un centre qui deviendrait un centre d'entraînement pour le ski alpin[2].

---

[2] Il n'était possible de s'entraîner à la compétition qu'à Séjoli, car les propriétaires des autres centres ne nous laissaient pas faire un tracé de slalom dans les pistes parce qu'ils ne voulaient pas nuire aux clients.

CHAPITRE 2
LE RÊVE DEVIENT UN PROJET

L'APPRENTISSAGE DE L'ENTREPRENEURIAT

L'expérience enrichissante du Club de ski Serpent me convainc de me lancer en affaires. J'avais démarré et géré cette entreprise intuitivement. J'avais eu du succès, mais je sentais que je devais en savoir plus sur la gestion. J'ai alors opté pour HEC Montréal, pour en apprendre sur la comptabilité, le financement des entreprises et la gestion. Mes études deviennent aussi pour moi un moyen de gagner mon indépendance financière.

J'ai profité de mes années d'études à HEC Montréal pour devenir membre de l'équipe de compétition en ski alpin de l'Université de Montréal et en connaître davantage de cette discipline. Mais, les études prennent de plus en plus de place, à tel point que HEC Montréal m'offre un poste de stagiaire d'enseignement et de recherche. En peu de temps, cela m'amène à l'Université Stanford en Californie, pour entreprendre des études de doctorat. C'était une occasion unique que je ne pouvais pas laisser passer. Je décide donc de reporter mon projet de bâtir une station de ski, me disant que le rêve serait réalisable au retour des études.

Durant mes années d'études en Californie, j'ai visité plusieurs centres de ski : ceux de Vail et d'Aspen au Colorado, de Park City en Utah, de Sun Valley en Idaho, de Squaw Valley et d'Heavenly Valley au lac Tahoe en Californie où j'ai skié durant les pauses intra-trimestrielles.

De retour au Québec, le rêve m'habite toujours. Mon frère Mario m'encourage et s'emballe avec moi. J'achète toutes les cartes topographiques de la région. Je marque au crayon les montagnes en apparence les plus intéressantes. Après avoir ciblé des montagnes à St-Charles de Mandeville, à Ste-Émilie-de-l'énergie (deux sites) et à St-Côme (deux sites), Mario et moi marcherons en raquettes sur trois sites, les autres étant hors de prix pour nos moyens financiers très réduits.

Première visite à la montagne de Val Saint-Côme

C'est ainsi qu'une journée d'hiver de février 1978, Mario et moi, accompagnés de son chien Malamut *Inouik*, gravissons en raquettes pour la première fois la montagne devenue aujourd'hui Val Saint-Côme.[3] Nous laissons notre voiture dans le chemin public se terminant en 1978 en cul-de-sac (devenue quelques années plus tard la route no 347), près de l'endroit où la petite rivière Versailles passe sous la route actuelle. Comme il n'y avait aucune entrée sur le terrain, nous avons emprunté un chemin abandonné non déneigé ayant servi quelques années plus tôt à une coupe de bois.

Après avoir bien étudié la carte topographique, nous choisissons de gravir la montagne en empruntant le tracé de la piste nommée aujourd'hui *Autoroute,* pour nous rendre à l'endroit où se trouve présentement l'arrivée du télésiège triple. Il nous fallait choisir un trajet pas trop en pente car il y avait beaucoup de neige. Nous nous enfoncions, même en raquettes. La montée dans la neige épaisse prend du temps. *Inouik*, en véritable chien des neiges, nous impressionne. Il a bien fait trois fois le trajet, partant devant nous en explorateur et revenant à plusieurs reprises. Après une courte pause pour manger notre lunch et apprécier le magnifique point de vue de l'endroit où se trouve le sommet de la piste appelée aujourd'hui, *Point de mire,* nous entamons la descente, parfois sur les fesses, par ce qui est de-

---

[3] Val Saint-Côme était la 3ᵉ montagne que nous avons gravie en raquettes. Les deux premières présentaient des sites intéressants, mais leur acquisition nous était inaccessible.

Le rêve devient un projet

venu la piste nommée initialement *Grand prix*, renommée depuis 2010 la piste *Geneviève Simard*.

Cette première visite à Val Saint-Côme nous a conquis. En 1978, la montagne de Val Saint-Côme était au bout d'une route non numérotée qui ressemblait davantage à un sentier en forêt qu'à une route, sans ligne électrique à proximité, mais la montagne alimentait le rêve.

Il ne restait plus qu'à acheter le terrain. Nous contactons l'unique propriétaire de ces lots, Monsieur Hervé Blais, de Ste-Émilie-de-l'Énergie. Comme il possédait aussi les lots de l'autre côté du chemin public, il accepte de nous accorder une option d'achat de 113 âcres de terrain au prix de 30 000 $, soit 5 000 $ comptant et 5 000 $ par an pendant cinq ans portant 8 % d'intérêts, payables semi-annuellement le 9 juin et le 9 décembre de chaque année.

Il ne restait plus qu'à s'organiser et nous serions propriétaires d'une montagne que nous rêvions de transformer en station de ski alpin.

CHAPITRE 3

LE PROJET EST PLANIFIÉ

Nous sommes en février 1978, le projet se concrétise par la constitution d'une compagnie du nom de *Les Entreprises MBH inc.*, regroupant ses trois premiers actionnaires Mario, Bernard et Hugues. Les trois lettres M, B et H, signifient **M**ario, **B**ernard et **H**ugues. Le terrain sera acheté en juin. Un an plus tard, trois nouveaux associés s'ajouteront, Alfred, Jean-Guy et Claude, pour former le groupe des six associés fondateurs. Ce chapitre présente les circonstances de l'arrivée de chacun d'eux dans le groupe.

LES ENTREPRISES MBH INC.

Suite à notre visite de la montagne en raquettes, je prends contact avec le propriétaire et j'obtiens une option d'achat sur le terrain. Nous sommes rendus à la fin de février 1978. Mario me présente un de ses amis et collègues de travail Bernard Coutu. Bernard se dit intéressé à se joindre à nous pour réaliser ce projet insensé. J'accepte avec plaisir, Bernard partage notre idéal.

Le 13 mars 1978, le ministre des consommateurs, coopératives et institutions financières, sous l'autorité de la première partie de la Loi des compagnies, nous accorde les lettres patentes constituant en corporation Les Entreprises M.B.H. Inc. Elles ont été enregistrées le 30 mars 1978. Nous ouvrons un compte de banque à la Caisse populaire de St-Côme et y mettons chacun 5 000 $ pour démarrer l'entreprise. J'assume la présidence, Mario en est le vice-président et Bernard agit comme secrétaire.

Aux origines de Val Saint-Côme

Le 9 juin 1978, nous passons chez le notaire pour finaliser l'achat du terrain couvrant le tiers inférieur de la montagne. Les deux tiers vers le sommet sont des terres de la couronne pour lesquelles nous avons obtenu un bail contre un loyer annuel au Gouvernement du Québec.

Nous nous procurons une carte topographique avec des courbes de niveau aux cinq pieds (au coût de 1 200 $), trois petites haches, une scie mécanique et des canettes de peinture pour tracer les pistes. Au cours de l'été, nous avons marché la montagne en long et en large pour y tracer les pistes avec de la peinture sur les arbres.

Le terrain au bas de la montagne avait été littéralement saccagé par une coupe forestière quelques années auparavant. Il était devenu un véritable fouillis de troncs d'arbres, de branches coupées et de jeunes arbustes. Au début des travaux d'aménagement du stationnement à l'été 1979, un premier bulldozer s'y était enfoncé, il avait fallu en appeler un deuxième pour l'en extraire.

C'est donc dans ce lieu, accessible seulement par un chemin de terre non numéroté, éloigné de six kilomètres d'une ligne électrique de 550 volts nécessaire au fonctionnement d'une remontée mécanique, que le projet de construire Val Saint-Côme prend forme.

LE PREMIER BUDGET

Je prépare un premier budget d'investissement, tel qu'il m'a été enseigné à HEC et tel que je l'enseigne, dans le but de trouver le financement nécessaire à la réalisation du projet. J'ai fait de l'enseignement du budget mon expertise. Croyez-moi, je ne lésine en rien, je développe des scénarios, des analyses de marché, des analyses du risque… mais la réalité d'une PME n'y colle pas vraiment. Le premier projet présenté à la BFD n'est même pas étudié, il est refusé sans discussion.

J'apprends que pour un projet de ce type, la politique de la BFD est simple : mettez 1 $ et on vous prête 1 $. De plus, engagez-vous personnellement, autrement dit, vous devez endosser le prêt consenti

Le projet est planifié

pour un montant de 25 000 $ chacun. Le premier projet élaboré est hors de nos moyens financiers, aucun de nous trois n'ayant suffisamment d'économies personnelles. Ce que nous investirons par la suite, nous l'emprunterons. Il devient vite évident qu'il nous faut trouver d'autres partenaires, aussi passionnés et téméraires, pour s'embarquer dans l'aventure projetée.

L'ÉTÉ ET L'AUTOMNE DE 1978

C'est la déception lorsque nous réalisons qu'il nous sera impossible d'être en opération dès décembre 1978, comme le prévoyait notre plan initial : la politique d'Hydro-Québec est de ne pas apporter l'électricité à une entreprise qui n'est pas en opération, à moins de payer 180 000 $. Il fallait donc d'abord être en opération pour espérer avoir l'électricité[4], mais nous avions besoin d'électricité pour opérer, pris dans l'histoire de la poule ou de l'œuf.

Dans l'attente d'une solution, l'été et l'automne 1978 sont riches en acquisition de connaissances. Celles-ci serviront à préparer le projet de l'année suivante. Nous effectuons quelques travaux, dont un chemin pour entrer sur le terrain, soit l'entrée principale actuelle, avec une calvette de trois pieds de diamètre qui ne durera qu'un hiver, emportée par la crue printanière. Une calvette de huit pieds de diamètre la remplace l'été suivant, elle est toujours fonctionnelle aujourd'hui. En cet automne de l'année 1978, nous débuterons le déboisement de la piste *Contour* à l'endroit où se trouve le départ de l'actuel T-Bar.

Nous déboisons également la ligne actuelle du télésiège triple pour pouvoir prendre le profil de la montagne et obtenir une soumission. Un bon ami du lac Cloutier, Claude Houde, vient nous donner un coup de main.

---

[4] Hydro-Québec a depuis récupéré plusieurs fois son investissement. La station à elle seule paie aujourd'hui à Hydro-Québec quelques 350 000 $ en électricité par année, en plus des nombreux chalets qui se sont construits autour de la station de ski.

Aux origines de Val Saint-Côme

RENCONTRE DE JEAN-GUY SENEZ

Mes visites chez la Cie Mueller, devenue Doppelmayr à St-Jérôme, et chez la Cie Samson à Lévis m'ont servi à préparer le premier budget d'investissement. La visite la plus déterminante a été celle de St-Jérôme, où j'ai rencontré Jean-Guy Senez pour la première fois. Jean-Guy accepte de venir à Val Saint-Côme pour évaluer la possibilité d'installer un T-Bar dans la ligne où se trouve l'actuel tracé du télésiège triple. Je revois son sourire, son éclat de rire, comme si c'était hier. C'est possible, disait-il, mais la pente est un peu raide pour un T-Bar. Il m'indique clairement que l'endroit est plus propice à un télésiège. Cependant le prix d'un télésiège est un multiple de celui d'un T-Bar. Cet automne-là, il installe un télésiège triple Doppelmayr au Mont Olympia et il m'invite à assister aux essais. Évidemment, le télésiège triple Doppelmayr est le *summum* de la technologie de l'époque, mais il nous était inaccessible financièrement!

PREMIÈRES LEÇONS

Mes visites aux banques étaient sans équivoques, il n'y avait pas de prêt pour un tel projet, jugé trop risqué. Seule la Banque Fédérale de Développement (BFD)[5] se montrait ouverte à un prêt, aux conditions déjà énoncées : si vous mettez personnellement UN dollar, on vous prêtera UN dollar et vous devrez vous engager avec des endossements personnels. Autrement dit, la responsabilité limitée d'une compagnie n'existe pas pour les PME en démarrage. Si nous allions de l'avant avec ce projet et qu'il échouait, nous risquions une faillite personnelle.

Sans nous laisser abattre, au cours de l'été 1978, nous traçons avec de la peinture sur les arbres ce qui deviendra les premières pistes de Val Saint-Côme, soient *Contour*, *Autoroute*, *Gollé*, *Cascades*, *Piste du midi*, *Point de mire*, *Avalanche* et *Grand Prix*. Nous avons aussi

---

[5] La BFD est aujourd'hui la Banque de développement du Canada (BDC).

tracé ce qui deviendra le tracé du télésiège triple. Tous ces travaux ont été effectués sans rémunération, continuant de croire au projet.

Inutile de dire que nous avons encore marché Val Saint-Côme en raquettes durant l'hiver 1979, pour constater les conditions d'enneigement, mais aussi pour apprécier le tracé des pistes qui n'étaient pas encore déboisées, seulement à l'état de projets.

Au 30 avril 1979,[6] les états financiers vérifiés indiquent une perte nette de 2 984 $ pour l'exercice terminé. De ce montant, un montant de 1 833 $ était attribuable aux intérêts payés sur la dette à long terme du terrain et un montant de 930 $ relatif à des frais de déplacement que nous nous sommes remboursés. Inutile de dire que nous avions été économes. Notre actif total était évalué à 39 079 $ incluant la valeur aux livres du terrain de 30 000 $, dont 25 000 $ étaient encore à rembourser. Mais, nous avions encore 3 464 $ en caisse et avions généré 407 $ de revenus d'intérêts. Les premières années de ce projet m'ont convaincu de l'utilité du budget de caisse.

RENCONTRE D'ALFRED GEYSMAYR

Au début du printemps de 1979, je reviens chez Doppelmayr pour rencontrer Jean-Guy. Celui-ci me présente Alfred Geismayr qui arrivait d'Autriche pour prendre la direction de la division canadienne de la Cie, nouvellement acquise de Mueller Lifts. Jean-Guy avait informé Alfred de notre projet fou. Alfred se montre intéressé au projet. Il vient sur le site et nous arpentons la ligne du télésiège triple, déboisée l'été précédent, afin d'avoir le profil précis de la montée pour être en mesure de produire une estimation la plus exacte possible du coût d'un télésiège.

Le projet du télésiège triple est celui qu'il faut réaliser à cet endroit, mais pour l'instant, il est hors de portée de nos moyens financiers, surtout avec la mise de fonds de 180 000 $ exigée par Hydro-Québec pour amener la ligne électrique jusqu'à Val Saint-Côme.

---

[6] Nous avions défini l'exercice financier du 1er mai au 30 avril de l'année suivante.

Aux origines de Val Saint-Côme

Je sentais qu'Alfred voulait nous aider. Nous sommes devenus des amis. Puis, au début de juin 1979, Alfred nous revient avec une proposition qui s'avéra la solution gagnante : il nous proposait l'achat d'un T-Bar de seconde main qui n'avait jamais servi, à un prix exceptionnel de 70 000 $. Plus important encore, il nous offrait de joindre le trio initial constitué de Mario, Bernard et moi.

LA FORMATION DU GROUPE DES SIX ASSOCIÉS FONDATEURS

La proposition d'Alfred est une offre qu'on ne peut pas refuser. Jean-Guy accepte aussi de se joindre au groupe, de même que Claude Houde, qui nous avait déjà signifié son intérêt en venant travailler avec nous l'été précédent. C'est ainsi que notre groupe de trois actionnaires de Les Entreprises MBH inc. s'est agrandi en un groupe de six actionnaires.

Selon un rapport vérifié pour la banque, les six actionnaires avions réuni, au 5 août 1979, un montant total de 144 500 $. À cette date, il nous restait un montant de 20 000 $ à rembourser sur le terrain, soit quatre montants de 5 000 $ le 9 juin de chaque année. La BFD nous accordera un prêt de 120 000 $, remboursable à un montant de 12 000 $ par an, soit 3 000 $ les mois de décembre, janvier, février et mars de chaque année, portant intérêts au taux de 13,5 %, capitalisable mensuellement, les intérêts payables mensuellement.

LE PROJET FINALISÉ

On dit que le besoin est la mère de l'innovation. Nous avons donc imaginé un projet sans électricité, avec un T-Bar qui fait seulement un tiers de la montagne, fonctionnant avec un moteur diesel, qui pourrait être utilisé éventuellement comme un moteur auxiliaire d'un télésiège, une génératrice pour alimenter le restaurant en électricité, un chalet Viceroy pour le restaurant et la boutique, un kit de garage assemblé par nous-mêmes, un vieux Tucker Snow-Cat acheté pour 7 500 $ et un rouleau fait d'une calvette attachée derrière le Snow-Cat pour damer les 3 pistes : *Contour, Autoroute et Gollé*.

Le projet est planifié

La station de ski Val Saint-Côme venait de naître !

Planifier une première saison de ski, c'est aussi mettre en œuvre une stratégie d'exploitation et planifier la mise en marché, mais surtout se donner une identité organisationnelle marquée par des valeurs qui nous sont propres. Ces valeurs sont encore vivantes aujourd'hui : Val Saint-Côme est « une station de ski familiale » animée par un club de ski de compétition à son effigie.

Pour espérer réaliser les projets futurs, il fallait démontrer la viabilité de la première saison. Je me souviens d'une visite de Ted Barnovski, propriétaire du Parc Montcalm qui, ayant entendu parler du projet, était venu marcher les trois pistes un weekend d'automne et, ne sachant pas que nous étions deux des propriétaires, avait dit, à Claude et à moi : « Voilà un autre centre de ski (ou une autre remontée) à acheter dans un an ».

Le 22 décembre 1979, la station de ski Val Saint-Côme s'était parée de ses plus beaux atouts pour accueillir ses premiers skieurs.

LA FORCE DE LA STRATÉGIE ET DES VALEURS PARTAGÉES

Notre stratégie était simple : si les enfants viennent, les parents suivront. Une façon d'amener les enfants était de les enrôler à l'école de ski. Mon frère et moi étions impliqués dans l'organisation d'écoles de ski à Joliette depuis plusieurs années. Il s'agissait donc pour nous de les amener à Val Saint-Côme, plutôt qu'ailleurs. Nous avons pu ensuite intéresser les classes neige avec des prix réduits, des pistes sécuritaires et des conditions d'enneigement exceptionnelles.

Nous avons publicisé le flanc sud de la montagne pour faire oublier que St-Côme était loin et pouvait être très froid : « Skiez au soleil » pouvait-on lire dans le premier dépliant.

Sur le plan financier, nous avons cherché à minimiser le risque en subdivisant l'exploitation de Val Saint-Côme en plusieurs entités indépendantes : station de ski, restaurant, boutique et école de ski. Nous avons confié l'exploitation du restaurant et de la boutique à des amis en sous-traitance. L'école de ski opérait déjà de manière autonome. La première année, la station de ski comprenait seulement 4 employés, responsables de l'exploitation de l'unique remontée mécanique et de l'entretien des pistes et du stationnement. La station était ouverte du mercredi au dimanche inclusivement. Les actionnaires de la station s'occupaient eux-mêmes de la vente des billets, à tour de rôle les weekends, et le concessionnaire du restaurant s'en occupait du mercredi au vendredi.

PARTIE II

L'HISTOIRE EN CHIFFRES

La deuxième partie de cet ouvrage présente à vol d'oiseau l'odyssée époustouflante des premières années d'exploitation de Val Saint-Côme. Vous y trouverez des statistiques de fréquentation et des indicateurs financiers (chapitre 4). Au fil de saisons fructueuses, mais aussi désastreuses, l'essentiel de cette odyssée s'est concrétisé par la réalisation de 5 projets majeurs d'investissement en sept ans (chapitre 5).

CHAPITRE 4

UNE ODYSSÉE ÉPOUSTOUFLANTE

Les premières années d'exploitation d'une entreprise dont le succès dépend des conditions climatiques peuvent s'avérer une odyssée en dents de scie et celle de Val Saint-Côme le fut.

L'espoir tiré du succès de la première saison, renchéri par l'excellent début de la deuxième saison, a été vite refroidi par la fermeture de la station du 15 au 28 février 1981. Une fermeture aussi longue, au moment où le ski devrait être à son apogée, c'était du jamais vu dans l'industrie du ski. Ce fut une première épreuve qui alourdira de manière importante un fardeau financier déjà lourd à porter pour une entreprise à sa deuxième année d'exploitation.

La saison suivante, celle de 1981-82 connaîtra un succès inespéré, nous rendant à nouveau optimistes. Cependant, un nouveau désastre *financier* nous attendait à la quatrième saison. Encore une fois du jamais vu dans l'industrie du ski : la station a été fermée durant toute la période des fêtes de décembre 1982 pour rouvrir que le 7 janvier 1983, et fermer de manière hâtive en mars.

Le désastre financier causé par Dame Nature lors de la saison 1982-83 a eu pour effet de changer la dynamique originale du groupe d'actionnaires fondateurs, forcés d'accepter de nouveaux partenaires, au printemps 1983 et au printemps 1984.

Les cycles saisonniers se sont répétés : les cinquième et sixième saisons ont été fabuleuses, alors que la septième saison nous fera à nouveau connaître des résultats financiers désastreux.

Aux origines de Val Saint-Côme

Voilà la réalité de l'odyssée époustouflante en dents de scie des premières années.

L'ODYSSÉE VUE PAR LA FRÉQUENTATION DES SKIEURS

Pour bien interpréter les statistiques annuelles de fréquentation des skieurs, il faut les associer aux cinq projets majeurs d'investissement réalisés durant les sept premières années :

- Première saison (1979-80) : Installation du T-Bar, l'aménagement de trois pistes (*Contour*, *Autoroute* et *Gollé*) et la construction du premier bâtiment abritant le restaurant et la boutique;

- Deuxième saison (1980-81) : Installation du télésiège triple, agrandissement du bâtiment et aménagement de pistes partant du télésiège (parties supérieures de *Autoroute* et *Gollé*, *Cascades*, *Midi*, *Point de mire*, *Avalanche* et *Grand prix*);

- Troisième saison (1981-82) : Amélioration des pistes *Autoroute* et *Grand prix*;

- Quatrième saison (1982-83) : Amélioration des pistes *Gollé*, *Midi* et *Cascades*, fin du régime des concessions et prise en charge de l'exploitation du restaurant et de la boutique;

- Cinquième saison (1984-85) : Installation de la neige artificielle;

- Sixième saison (1985-86) : Installation du télésiège quadruple non débrayable qui le deviendra par la suite, ajout de la piste *Boulevard* ainsi que l'éclairage des pistes *Autoroute*, *Gollé* et *Grand prix* pour le ski en soirée;

- Septième saison (1986-87) : Amélioration de la piste *Boulevard* et construction d'un premier lot de 16 condos locatifs.

La figure suivante présente la fréquentation en skieur-visites par mois lors des six premières saisons.

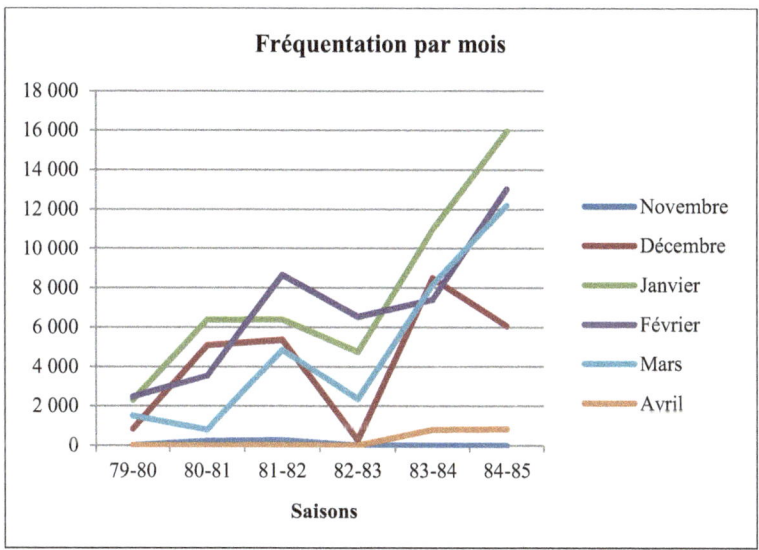

Dans une situation normale, l'installation des trois remontées mécaniques lors des saisons 1979-80, 1980-81 et 1984-85, aurait dû montrer une courbe ascendante régulière pour chacun des mois présentés dans le graphique. Le télésiège triple avait triplé la capacité d'accueil de la station alors que le télésiège quadruple l'avait doublé. La réalité de Val Saint-Côme a été tout autre.

Ainsi en 1980-81, l'ajout du télésiège triple montre une croissance importante de la clientèle pour les mois de décembre et de janvier, mais non pour février et mars. Ces deux derniers mois montrent une diminution, rappelant la fermeture de la station du 15 au 28 février 1981.

N'ayant procédé à aucun investissement majeur en 1981-82, les mois de décembre et de janvier montrent un léger accroissement, alors que les mois de février et de mars, désastreux l'année précédente, montrent une augmentation substantielle.

La saison 1982-83 indique un résultat décevant à tous les mois. Elle fut un désastre pour l'industrie du ski de l'ensemble du Québec. Seules les stations de ski équipées de neige artificielle ont pu sauver la mise et présenter un résultat convenable. C'est à ce moment que Val Saint-Côme a été forcée de s'ouvrir à d'autres actionnaires pour assurer sa survie. Nous y reviendrons au chapitre 9.

Val Saint-Côme a pris une décision très importante avec l'ajout de la neige artificielle, comme nous le verrons. En trois mois le système était opérationnel, fin prêt pour la saison 1983-84. Les résultats ont été encourageants, comme le montre une augmentation marquée du nombre de fréquentations. Il était dorénavant possible d'ouvrir plus de pistes, plus tôt, et surtout d'offrir de meilleures conditions d'enneigement.

L'année suivante, l'ajout du télésiège quadruple, avant le début de la saison 1984-85, s'est aussi accompagné d'un accroissement encourageant de la fréquentation de skieurs, malgré un début tardif en décembre. Décembre laisse voir une diminution par rapport à la saison précédente.

La journée de fréquentation record a été connue lors de la saison 1984-85 avec 1 672 skieurs, le superbe dimanche ensoleillé du 10 mars, comparativement à 1 287 la saison précédente, grâce à l'ajout de l'éclairage de trois pistes pour permettre le ski de soirée.

Le tableau suivant présente les statistiques détaillées de fréquentation des six premières saisons.

Une odyssée époustouflante

INDICATEURS	1979-80	1980-81	1981-82	1982-83	1983-84	1984-85
Date d'ouverture	22 déc.	29 nov.	28 nov.	18 déc.	3 déc.	15 déc.
Date de fermeture	23 mars	22 mars	3 avril	13 mars	8 avril	21 avril
Jours fériés	36	42	45	22	45	48
Jours non fériés	32	21	68	35	70	65
Total de jours	68	63	113	57	115	113
Jours avec plus de 200 skieurs	15	26	41	21	56	56
Plus grosse foule	329	814	950	821	1287	1 672
Date de la plus grosse foule	Samedi 26 janv.	Samedi 27 déc.	Samedi 6 mars	Samedi 29 janv.	Mardi 27 déc.	Dimanche 10 mars
Fréquentation totale	7 082	16 005	26 514	12 644	35 815	48 033
En novembre	0	232	258	0	0	0
En décembre	836	5 071	6 353	260	8 493	6 066
En janvier	2 297	6 384	6 393	4 746	10 965	15 935
En février	2 450	3 527	8 636	6 527	7 403	13 016
En mars	1 499	791	4 859	2 359	8 158	12 189
En avril	0	0	15	0	796	827
Jours fériés	6 142	14 067	19 709	7 628	26 874	36 850
Jours non fériés	940	1 938	6 805	4 981	8 941	11 183

L'ODYSSÉE VUE PAR LES INDICATEURS FINANCIERS

Les indicateurs financiers combinent à la fois l'impact de la fréquentation de skieurs à celui des engagements financiers liés aux investissements réalisés et aux charges d'exploitation. Ils donnent une idée des résultats financiers, des défis de financement, des difficultés de trésorerie et du risque financier supporté par les actionnaires. Ils montrent la nécessité d'aller chercher du capital neuf pour réaliser chaque nouveau projet d'investissement, mais également pour combler les résultats financiers désastreux de la saison 1982-83.

Le tableau suivant présente les quatre indicateurs utilisés pour illustrer l'odyssée financière des premières années de Val Saint-Côme. Les graphiques qui suivent illustrent la valse des saisons encourageantes et décevantes. Les indicateurs sont toujours ceux observés le 30 avril de chaque année.

**INDICATEURS FINANCIERS
AU 30 AVRIL**

INDICATEURS	1979	1980	1981	1982
RN	-2 984 $	-16 307 $	42 751 $	28 761 $
FAG	-2 984 $	2 093 $	94 632 $	76 241 $
FDR	-3 428 $	-41 300 $	-189 187 $	-111 942 $
Structure	0,73	0,82	0,58	0,76
INDICATEURS	1983	1984	1985	1986
RN	-94 769 $	171 201 $	53 879 $	-176 109 $
FAG	-42 372 $	256 962 $	196 882 $	-2 495 $
FDR	-156 480 $	-54 199 $	-17 510 $	-177 553 $
Structure	0,43	1,60	1,35	0,80

Résultat net (RN) après impôt : Donne le bénéfice ou la perte de l'exercice
Fonds auto-générés (FAG) : RN + amortissement qui donne l'autofinancement de l'entreprise
FDR : Fonds de roulement
Structure de capitalisation : Avoir des actionnaires/Dette à long terme + Fonds de roulement

LE RÉSULTAT NET (RN)

Le résultat net (RN) est la dernière ligne de l'état des résultats. Il indique le bénéfice ou la perte de l'exercice.

La figure suivante présente l'évolution du RN de Val Saint-Côme à travers ses sept premières saisons. La courbe en rouge indique un résultat nul, qu'on appelle le point mort ou seuil de rentabilité parce qu'il n'y a aucun bénéfice ni aucune perte.

Une odyssée époustouflante

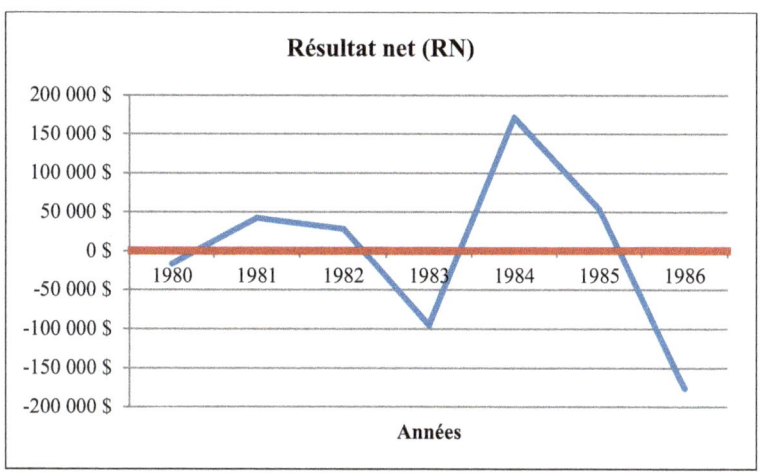

La courbe du RN montre un premier résultat négatif (1980), suivi de deux résultats positifs (1981 et 1982), puis encore un résultat négatif (1983), suivi de deux résultats positifs (1984 et 1985), eux-mêmes suivis d'un troisième résultat négatif (1986).

Le trait rouge indique le point mort (aussi appelé seuil de rentabilité). L'entreprise a généré une perte au 30 avril 1980, au 30 avril 1983 et au 30 avril 1986, soit trois exercices sur sept.

Les résultats désastreux pour l'exercice financier terminé le 30 avril 1986 ont été le motif d'un profond questionnement sur les perspectives de rentabilité à long terme de la station comme jeune entreprise. Mais les solutions envisagées pour améliorer sa rentabilité mèneront à la dissolution du groupe d'actionnaires original, le 7 juillet 1986. Une transformation importante de l'actionnariat de l'entreprise a suivi et j'ai moi-même quitté les rênes de l'entreprise à ce moment. Nous y reviendrons au chapitre 12.

LES FONDS AUTO-GÉNÉRÉS (FAG)

Les Fonds Auto-Générés (FAG) indiquent la capacité d'autofinancement ou plus simplement l'autofinancement d'une entreprise.

La figure suivante illustre l'évolution des FAG. Cet indicateur suit plus ou moins la même courbe que celle du RN, montrant un premier résultat négatif, suivi de deux résultats positifs, puis un autre résultat négatif, suivi de deux autres résultats positifs, suivis d'un dernier résultat négatif.

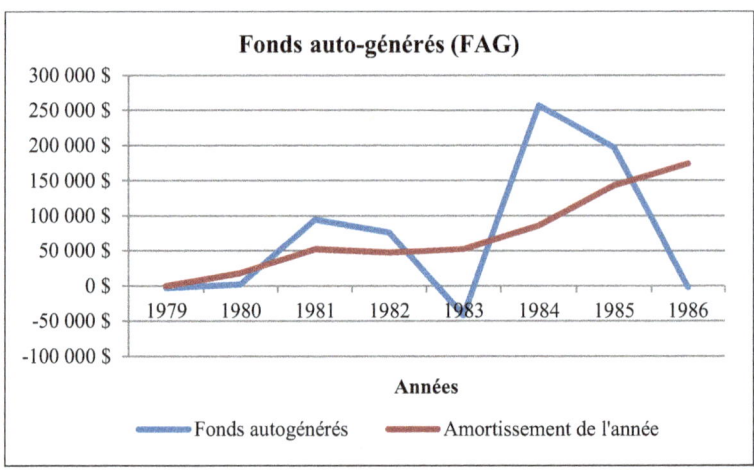

Le trait rouge indique le seuil minimal des FAG nécessaires pour renouveler les équipements. Il correspond à l'amortissement de l'année. Il s'agit bien d'un seuil minimal car il correspond à une rentabilité nulle. Les FAG des exercices terminés au 30 avril 1981 et 1982 donnent espoir de générer une capacité d'autofinancement. Ceux terminés au 30 avril 1984 et dans une moindre mesure ceux terminés au 30 avril 1985 sont encourageants à cet égard. Mais ceux des exercices terminés au 30 avril 1980, au 30 avril 1983 et au 30 avril 1986 anéantissent tout espoir d'autofinancement de l'entreprise.

Une odyssée époustouflante

LE FONDS DE ROULEMENT (FDR)

La figure suivante illustre l'évolution du Fonds de roulement (FDR) au 30 avril de chaque année.

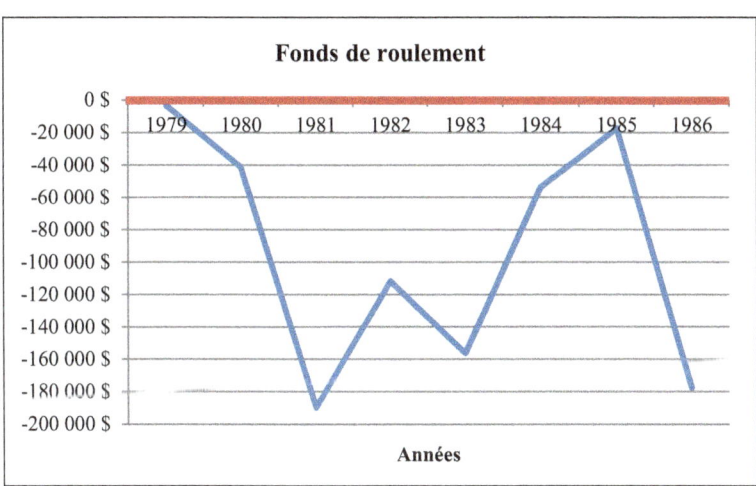

Une entreprise doit avoir un FDR positif pour s'assurer de faire face à ses obligations de paiement. Le trait rouge indique le seuil minimal du FDR.

L'objectif d'un FDR positif a presque été atteint par Val Saint-Côme au 30 avril 1985, mais les résultats de la saison 1985-86 rappellent les résultats décevants éprouvés au cours de la saison 1982-83.

Le FDR négatif à la fin de la saison 1980-81 n'était pas lié aux résultats qui avaient été bons, mais à la décision de la BFD de ne pas débourser en décembre le prêt qu'elle nous avait consenti. Voir l'explication au chapitre 7. Jamais en sept ans, l'entreprise n'a réussi à montrer un FDR positif.

LA STRUCTURE DE CAPITALISATION

La figure suivante illustre l'évolution de la structure de capitalisation.

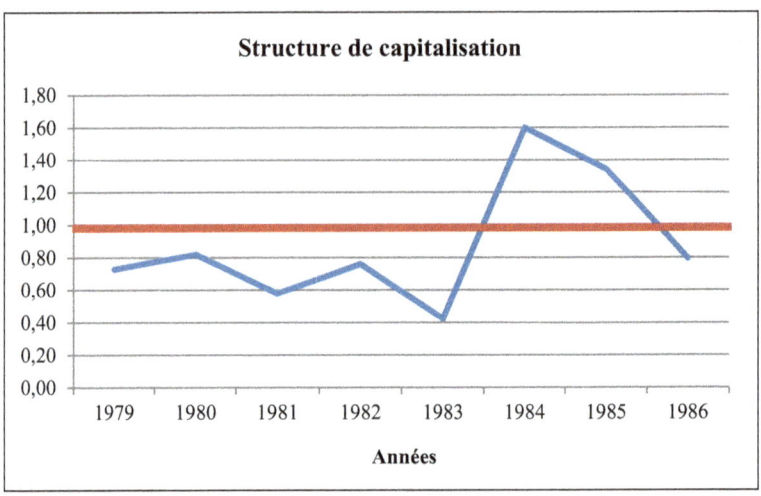

La structure de capitalisation, mesurée ici[7] par le ratio « Avoir des actionnaires/dette à long terme plus fonds de roulement », doit être toujours supérieure à 1,0. Il est supérieur à 1,0 lorsque l'avoir des actionnaires est plus élevé que l'apport de l'ensemble des organismes prêteurs. Ce ratio doit s'approcher idéalement de 1,5 dans un secteur comme celui des stations de ski. La cible minimale de 1,0 fut atteinte au 30 avril 1984 et au 30 avril 1985. Le ratio a même été plus élevé que 1,5 au 30 avril 1984. Mais les résultats de la saison 1985-86 exposent encore Val Saint-Côme à devoir ajouter de nouveaux actionnaires et à diluer ainsi de nouveau la participation initiale des fondateurs.

---

[7] Il y a plusieurs ratios utilisés en pratique pour mesurer la structure de capitalisation.

CHAPITRE 5

LA RÉALISATION DE CINQ
PROJETS MAJEURS EN SEPT ANS

Un projet majeur implique un investissement de plusieurs milliers de dollars, voire un apport additionnel en capital s'accompagnant souvent d'un financement à long terme.

CONDITIONS POUR RÉALISER UN PROJET MAJEUR

Il y a deux conditions essentielles à la réalisation d'un projet majeur d'investissement : le VOULOIR et le POUVOIR.

Il faut que la direction le souhaite fortement, parfois même de manière téméraire. Le projet d'investissement est un moyen de se faire plaisir, parfois de concrétiser un rêve. Pour les étudiants en gestion, c'est un moyen de déployer la stratégie ou encore d'améliorer la rentabilité d'une entreprise.

Mais il faut aussi pouvoir financer le projet. Les conditions exigées par les organismes prêteurs peuvent être très difficiles à rencontrer et présenter des exigences très élevées.

LE PROJET FONDATEUR

Poussés par le rêve de construire une station de ski, les six fondateurs ont fait un apport équivalent à 50 % de l'investissement initial nécessaire et ont endossé personnellement un montant de 25 000 $ chacun équivalent à l'autre 50 % de l'investissement initial (endossement des six actionnaires équivalent à 150 000 $). En d'autres mots, la BFD n'a pris aucun risque sinon celui de devoir poursuivre les actionnaires pour récupérer le montant de leur endossement si l'aventure tournait mal.

Pour les banquiers le projet pouvait paraître fou! Ouvrir une montagne au tiers de sa dénivellation pour y faire une station de ski, à partir d'une route en gravier non numérotée et sans approvisionnement en électricité... il fallait vraiment y croire!

LE DEUXIÈME PROJET

À la fin de la première saison, au 30 avril 1980, encouragés par les résultats de la première saison, les fondateurs ont voulu doter la station de ski d'un premier télésiège permettant de tripler la surface skiable. Réaliser ce projet permettrait à Val Saint-Côme d'accéder au statut de station de ski régionale, comparable aux stations des Basses-Laurentides. Pour y arriver, les fondateurs ont de nouveau fait des apports en capital. Cependant, la combinaison de l'apport des actionnaires, d'une subvention de 65 000 $ et de la vente de terrains pour 19 000 $ n'était pas suffisante pour couvrir le 50 % requis de l'investissement projeté.

Il a donc fallu se restreindre. Pour obtenir le prêt, le projet ne devait comporter que le télésiège triple, sans équipement d'entretien des pistes, ni agrandissement du bâtiment principal. Le chapitre 7 raconte comment un nouvel équipement d'entretien des pistes a été acquis et comment le bâtiment principal a été agrandi, mais également pourquoi la BFD a refusé de débourser le prêt consenti en décembre.

Au 30 avril 1981, la faiblesse des indicateurs financiers empêche les fondateurs de réaliser un troisième projet prévu pour la 3e année, à moins d'un troisième apport additionnel. Les fondateurs décident alors de se donner une année pour consolider les acquis de la station. Nous avons simplement procédé à l'amélioration des pistes *Autoroute* et *Grand Prix*. Améliorer la qualité du domaine skiable permettait d'accroître la satisfaction des skieurs et était susceptible de présenter des indicateurs financiers plus favorables, condition nécessaire pour poursuivre le développement de la station dans les années à venir.

Cependant, au 30 avril 1982, malgré une croissance importante de la fréquentation de skieurs, la rentabilité attendue n'était pas tout à fait au rendez-vous. Les indicateurs financiers s'étaient améliorés, mais pas suffisamment pour espérer réaliser un autre projet majeur par l'autofinancement de l'entreprise.

Après consultations auprès des membres de l'industrie et des analyses du dollar de revenus générés par les concessions, nous réalisons que les concessions doivent générer beaucoup plus que 6 % du dollar de revenus. Nous décidons alors de ne pas renouveler le contrat du concessionnaire du restaurant, celui-ci n'acceptant pas l'augmentation de loyer proposé, et de racheter celui du concessionnaire de la boutique. Ce dernier avait encore deux années à courir.

La saison 1982-83 serait donc consacrée à l'apprentissage de la gestion du restaurant et de la boutique de ski (vente et location), espérant ainsi améliorer la rentabilité et les indicateurs financiers au cours de la saison suivante.

LE TROISIÈME PROJET

L'interférence de Dame Nature a bousculé les plans plus d'une fois, mais jamais autant que lors de la saison 1982-83. Au 30 avril 1983, après avoir été fermée durant toute la période des fêtes de Noël en décembre 1982 et avoir connu une ouverture partielle le 7 janvier, Val Saint-Côme présente des résultats financiers extrêmement décevants.

Comment faire autrement... la période des fêtes génère au moins 30 % des revenus d'une saison normale. Il faut donc impérativement trouver de l'argent neuf pour assurer la survie financière de l'entreprise; et en trouver encore davantage, car il n'était plus question de continuer d'opérer sans neige artificielle. La neige artificielle

Aux origines de Val Saint-Côme

aurait pu sauver une partie de la piètre saison qu'on venait de connaître.

Des fonds supplémentaires sont apportés par l'ajout de cinq nouveaux actionnaires : Jean Boisvert (père de Mario et Hugues), André Boisvert (aucun lien de parenté sinon très lointain), Jean-Louis Durand, Bernard Gagnon (oncle de Mario et Hugues) et Yvon Pépin (ami de la station).

LES QUATRIÈME ET CINQUIÈME PROJETS

La saison 1983-84 nous comble avec 115 jours de ski, dont 70 jours non fériés et 56 journées avec plus de 200 skieurs. Dame Nature met le paquet pour nous encourager à investir davantage! Avec cette saison, Val Saint-Côme connaîtra, au 30 avril 1984, ses meilleurs résultats financiers en sept ans. Ce succès, inespéré un an plus tôt, attise la fièvre entrepreneuriale des partenaires initiaux, encouragés et appuyés par un groupe élargi d'actionnaires. Alfred propose d'installer un télésiège quadruple; cela serait une première au Canada pour Doppelmayr. Il souhaite ainsi devancer la station de ski Stoneham à Québec, sur le point d'installer un télésiège quadruple d'un compétiteur.

La tentation est forte, considérant la fierté de réaliser une première au Canada avec un télésiège quadruple, combinée à l'attrait d'une subvention de près d'un demi-million de dollars. Nous y ajoutons l'installation d'un éclairage pour le ski en soirée, un agrandissement du bâtiment principal qui comptera dorénavant un bar et la construction d'un premier lot de 16 condos locatifs (projet devant être réalisé sur deux ans).

Toutefois, pour réaliser ce projet, de l'argent neuf est une fois de plus nécessaire pour compléter la subvention obtenue. L'ajout de nouveaux actionnaires la saison précédente s'était fait en harmonie, nous nous laissons donc séduire par le projet. Les actionnaires actuels font des apports additionnels et quatre nouveaux actionnaires se joignent au groupe : François Farmer, André Mirault, Régent

La réalisation de cinq projets majeurs en sept ans

Piette et Marcel Thériault. Val Saint-Côme compte dorénavant quinze actionnaires.

Ce projet de télésiège quadruple a permis à Val Saint-Côme d'accroître de manière substantielle la fréquentation des skieurs. Cependant, la rentabilité n'était pas à la hauteur de nos attentes, montrant même une régression par rapport à la saison précédente. Devant cette triste réalité, nous remercions le jeune gérant en place depuis la saison 1982-83. La croissance rapide de la station exigeait une gérance plus expérimentée. Nous l'avons confiée à l'un d'entre nous.

Le projet de seize condos locatifs a été réalisé dans la 2ᵉ année du projet pour respecter les conditions imposées par la politique gouvernementale d'octroi de subventions.

Au 30 avril 1986, les états financiers présentent le plus important déficit des sept années d'opération de la station, en dépit de ses revenus, les plus élevés qu'elle ait connus. Voyons l'évolution des investissements, des apports des actionnaires et des subventions reçues.

**INVESTISSEMENTS, APPORTS DES ACTIONNAIRES
ET SUBVENTIONS REÇUES AVANT LA SAISON**

INVESTISSEMENTS, APPORTS DES ACTIONNAIRES ET SUBVENTIONS	1979-80	1980-81	1981-82	1982-83
Montants arrondis des investissements	300 000 $	475 000 $	-	-
Montants exacts des apports	144 500 $.[8]	88 632 $	-	-
Subventions reçues		65 000 $	-	-
Pourcentage (%) des apports et subventions / investissements	48 %	32 %	-	-
INVESTISSEMENTS, APPORTS DES ACTIONNAIRES ET SUBVENTIONS	1983-84	1984-85	1985-86	
Montants arrondis des investissements	300 000 $	1 400 000 $	1 600 000 $	
Montants exacts des apports	150 000 $	200 000 $	229 750 $	
Subventions reçues	150 000 $	446 800 $	56 250 $	
Pourcentage (%) des apports et subventions / investissements	100 %	46 %	18 %	

---

[8] De ce montant, 15 000 $ avaient été mis dans la compagnie par Bernard, Mario et Hugues un an plus tôt.

Le tableau ci-dessous résume les cinq projets réalisés en sept ans sans tenir compte de l'aménagement des pistes :

Première saison (1979-80) :	Installation du T-Bar et construction d'un premier bâtiment;
Deuxième saison (1980-81) :	Installation du télésiège triple et agrandissement du bâtiment;
Cinquième saison (1983-84) :	Installation de la neige artificielle, construction du garage sur la piste;
Sixième saison (1984-85) :	Installation de la neige artificielle, construction du garage sur la piste;
Septième saison (1985-86) :	Construction d'un premier lot de seize condos locatifs.

Les deux figures suivantes indiquent (1) la provenance des revenus, à savoir le ski, les concessions ou les autres sources et (2) l'utilisation des revenus.

Le suivi de ces indicateurs a influencé grandement les décisions d'investissement et les efforts consentis à la mise en marché de la station.

L'ÉVOLUTION DE LA PROVENANCE DES REVENUS

Chacun des indicateurs de provenance et d'utilisation des revenus générés chaque année peut être décomposé en indicateurs plus fins. Ils l'ont été aux fins de gestion à l'interne, à tous les mois.

Ainsi, l'indicateur *Revenus Ski* était décomposé en indicateurs *Revenus passes de saison, Revenus jours fériés, Revenus jours non fériés, Revenus groupes, Revenus classes neige* et plus tard *Revenus ski en soirée*. Il faut noter aussi que les pourcentages de *Revenus Concessions* sont nets des marchandises vendues, c'est-à-dire qu'ils représentent le montant des ventes moins le coût des marchandises vendues. De plus, l'indicateur *Revenus Concessions,* qui combine *Revenus Restaurant* et *Revenus Boutique*, représente la marge nette générée par ces deux unités administratives.

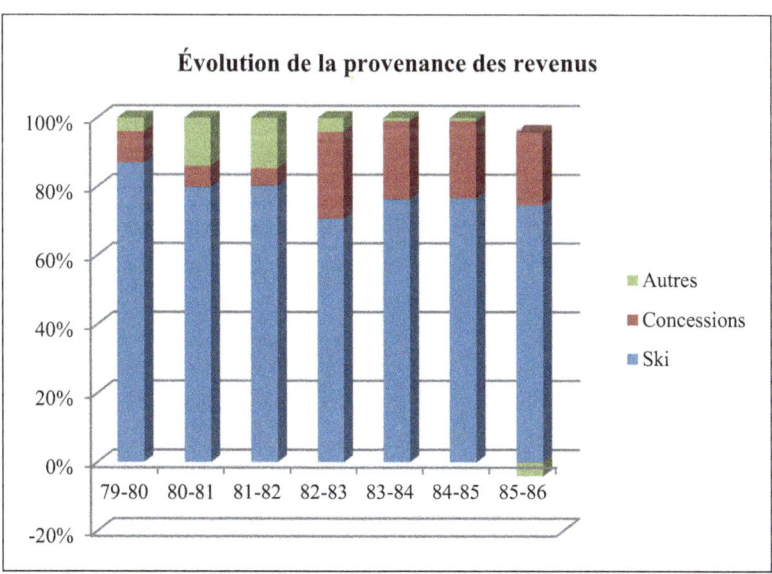

Le tableau de la page suivante présente les données ayant servi à construire la figure précédente.

Aux origines de Val Saint-Côme

**INDICATEURS DE LA PROVENANCE
DES REVENUS DE L'EXERCICE**

REVENUS	1979-80	1980-81	1981-82	1982-83
Ski	87 %	80 %	80 %	71 %
Concessions	9 %	6 %	5 %	25 %
Autres	4 %	14 %	15 %	4 %
REVENUS	1983-84	1984-85	1985-86	
Ski	76 %	77 %	81 %	
Concessions	23 %	22 %	23 %	
Autres	1 %	1 %	-4 %	

L'évolution de l'indicateur de provenance des revenus montre clairement un changement significatif à partir de la saison 1982-83 : le pourcentage (%) de revenus issus des concessions grimpe de manière significative, représentant à compter de cette date, plus de 20 % des revenus. Précisons une fois de plus que dans ce cas il ne s'agit pas de dollars de revenus tirés de ventes brutes, mais de dollars de marge nette (prix de vente moins coût des marchandises vendues).

L'indicateur *Autres* représente essentiellement les revenus générés par la vente de terrains ou de condos locatifs. Cet indicateur montre une perte pour la saison 1985-86.

L'installation du télésiège triple, dès la deuxième année (la saison 1980-81), avait donné confiance aux skieurs et permis d'amorcer une activité de vente de terrains. Toutefois, l'hiver désastreux qui a suivi lors de la saison 1982-83 a refroidi l'intérêt des acheteurs, pour ne reprendre qu'avec la réalisation du projet de condos locatifs, lors de la saison 1985-86.

L'ÉVOLUTION DE L'UTILISATION DES REVENUS

L'évolution de l'indicateur d'utilisation des revenus au fil des ans permet de répondre à la question : « À qui profitent les revenus générés par la station de ski ? »

La figure suivante présente l'évolution de l'utilisation des revenus au fil des ans.

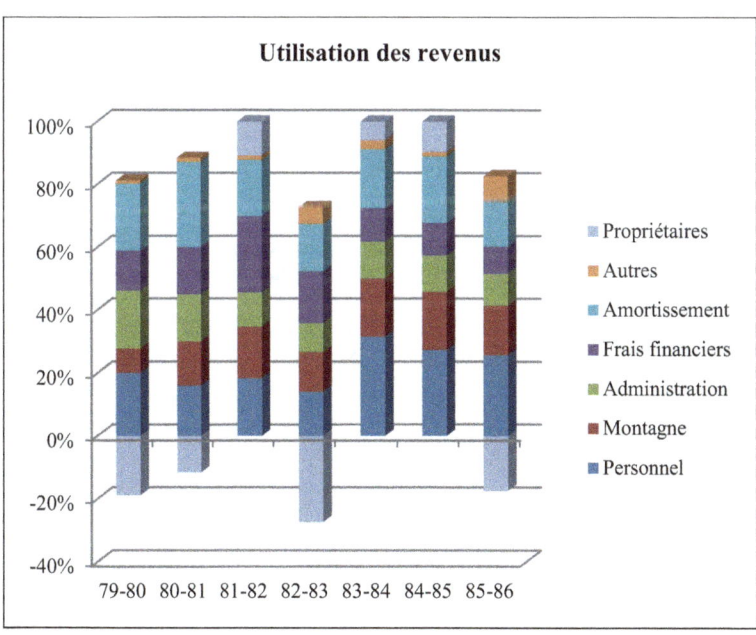

Le tableau suivant présente les données ayant servi à construire la figure précédente.

INDICATEURS AU 30 AVRIL

INDICATEURS	1979	1980	1981	1982
RN	-2 984 $	-16 307 $	42 751 $	28 761 $
FAG	-2 984 $	2 093 $	94 632 $	76 241 $
FDR	-3 428 $	-41 300 $	-189 187 $	-111 942 $
Structure	0,73	0,82	0,58	0,76
INDICATEURS	1983	1984	1985	1986
RN	-94 769 $	171 201 $	53 879 $	-176 109 $
FAG	-42 372 $	256 962 $	196 882 $	-2 495 $
FDR	-156 480 $	-54 199 $	-17 510 $	-177 553 $
Structure	0,43	1,60	1,35	0,80

INDICATEURS DE L'UTILISATION DES REVENUS DE L'EXERCICE

DÉPENSES	1979-80	1980-81	1981-82	1982-83	1983-84	1984-85	1985-86	Moyenne sur 7 ans
Personnel	32 %	21 %	18 %	31 %	32 %	27 %	40 %	31 %
Montagne	12 %	18 %	16 %	28 %	18 %	18 %	24 %	20 %
Administration	30 %	19 %	11 %	20 %	12 %	12 %	16 %	14 %
Frais financiers	20 %	20 %	24 %	36 %	11 %	10 %	13 %	15 %
Amortissement	34 %	35 %	18 %	33 %	19 %	21 %	22 %	22 %
Autres	1 %	2 %	1 %	11 %	3 %	1 %	12 %	6 %
Propriétaires	-30 %	-15 %	11 %	-60 %	6 %	10 %	-27 %	-9 %

Les frais financiers des quatre premiers exercices de la station ont littéralement étouffé les ambitions de développement des partenaires initiaux, atteignant un sommet de 36 % au cours de la saison 1982-83. Il faut dire que la diminution importante des revenus au cours de cette saison explique le pourcentage incroyable de 36 %. La moyenne des indicateurs d'utilisation de revenus des sept premiers exercices financiers indique surtout que les organismes prêteurs ont encaissé 15 % de tous les revenus générés par la station.

L'augmentation de 6 % de la portion des frais associés au poste *Montagne* entre les deux premières saisons s'explique par le début de l'alimentation de la station en électricité. L'approvisionnement en électricité se maintiendra à 6 % au cours des six années suivantes d'exploitation.

Enfin, au cours de la 7e saison, plusieurs postes augmentent de manière significative : c'est le cas du poste *Personnel* comprenant l'entretien ménager des condos, du poste *Montagne* témoignant des problèmes d'entretien et de réparation de la machinerie, du poste *Administration* dû à la portion publicité de ce poste et du poste *Autres*, comprenant des charges associées à la location de condos.

LES PROPRIÉTAIRES

La moyenne sur sept ans du poste *Propriétaires* sans tenir compte des subventions présente un pourcentage négatif de 9 %. Si l'on tient compte des subventions reçues, ce pourcentage devient nul (0 %). Ceci signifie qu'en sept ans, le gain financier des actionnaires a été nul, contrairement à la perception populaire.

En valeur absolue, la station a généré beaucoup de revenus, mais avec une croissance des coûts et une Dame Nature éprouvante, trois années sur sept, ont annihilé tous les bénéfices aux actionnaires.

Enfin, une moyenne de 22 % d'amortissement prise au fil des ans réduit les bénéfices pour créer des fonds auto-générés devant servir au renouvellement des équipements constitués surtout de remontées mécaniques, des bâtiments et du système de neige artificielle, à la fin de leur vie utile.

PARTIE III

L'HISTOIRE RACONTÉE

Au-delà des chiffres, l'histoire des premières années de Val Saint-Côme fut une aventure profondément humaine. La partie III raconte l'histoire de ces sept premières années en sept chapitres distincts : un pour chaque année. Chacun relate les événements importants, les grandes réussites, les contraintes surmontées, les leçons apprises et les faits à retenir. Nous verrons également la place prise par Val Saint-Côme dans l'imaginaire de sa communauté à travers les hebdos régionaux.

CHAPITRE 6

LE DÉBUT À CONTRE-COURANT
DE LA SAISON 1979-1980

La première saison a permis d'accueillir 7 082 skieurs en 68 jours de ski. Au plan financier, elle a généré une perte de 16 307 $ et une capacité d'autofinancement de 2 093 $.

Ce fut un début à contre-courant : sans électricité, avec une route non numérotée, dans un pitoyable état (non asphaltée, étroite, pleine de trous…) et avec seulement cent mètres de dénivellation exploitée. Certains nous trouvaient très téméraires!

LES PREMIERS JOURS DE LA PREMIÈRE SAISON

En décembre, il avait peu neigé, les pistes étaient recouvertes d'une mince couche de neige, largement insuffisante pour le ski. Nous avions prévu ouvrir au public le samedi 22 décembre 1979 et il n'était pas question de reporter. Arrivé à la station le vendredi 21 décembre, j'avais utilisé le T-Bar pour vérifier que l'équipement fonctionnait bien et descendu en skis les trois pistes afin d'être tout fin prêt pour l'ouverture le lendemain et pouvoir accueillir les premiers clients. Dans les pistes, on sentait les petites rigoles tracées au travers de la piste tellement la couche de neige était mince, ce n'était vraiment pas l'idéal. Cependant, nous avions annoncé l'ouverture de la station pour le lendemain et nous étions anxieux de voir arriver les premiers clients.

Réveillé tôt, j'accueille les quatre employés et j'attends l'arrivée du premier skieur. Ils seront vingt-quatre venus nous encourager, en majorité des parents et amis qui ont payé leur forfait de ski et bien sûr Huguette Gagnon et Jean Boisvert. Nous étions tous présents, Bernard, Mario, Alfred, Jean-Guy et Claude. Le lendemain, le dimanche 23 décembre, nous n'avons accueilli que huit skieurs et nous étions fermés le lundi 24, pour cause de pluie fine, de même que le 25 en matinée. Le temps était doux, la route était affreuse, glissante, voire dangereuse.

LA MAGIE DE LA NUIT DE NOËL

Le soir du 25 décembre 1979, la magie s'est opérée. J'avais organisé un souper de famille, avec oncles, tantes et parents, au restaurant de la station, utilisant notre concessionnaire comme traiteur. La faible pluie des deux derniers jours s'était transformée en grosse neige idéale pour le ski. Il a neigé toute la nuit.

Denis Thériault, notre gérant, est arrivé au milieu de la nuit, pour damer les pistes avec le vieux Snow-Cat.

En cette première nuit de Noël à la station, il neigeait à plein ciel, alors qu'il pleuvait plus au sud, à Montréal, à Joliette, à St-Sauveur et partout dans les Basses-Laurentides. Nous avons accueilli cinquante skieurs le 26 décembre, plus de cent skieurs le 27 décembre et 836 skieurs durant la semaine, alors que plusieurs stations régionales étaient fermées par manque de neige. Je ne sais pas comment l'information s'est transmise, mais plusieurs ont su qu'il était possible de skier à Val Saint-Côme sur de la neige naturelle et sur des pistes en excellente condition. Les autres stations de Lanaudière, situées à une latitude plus au Sud, souffraient d'un manque de neige en cette fin de décembre 1979.

Le début à contre-courant de la saison 1979-1980

Il est vrai que c'était des pistes dont le degré de pente est classé aujourd'hui en pistes pour débutants, des carrés verts et bleus[9].

VAL SAINT-CÔME DANS LES MÉDIAS, À L'AUTOMNE 1979 ET À L'HIVER 1980

Martial Coderre[10] dans un article intitulé *Le ski alpin se pratique maintenant à Saint-Côme*, note qu'un nouveau centre de ski va ouvrir ses portes. Il décrit les caractéristiques physiques de la station (dénivelé, nombre de pistes, prix, etc.). Il écrit que les propriétaires, tous de skieurs, ont opté lors de cette première phase de développement d'un dénivelé de 350 pieds sur une possibilité de 1 000 pour la qualité des pistes, faciles, larges, sécuritaires, idéales pour les débutants. Il relève le slogan du dépliant **Skiez tôt (en saison) et skiez tard**, faisant allusion aux conditions de neige et à la qualité du nivellement des pistes.

Gilles Ferland[11] dans un article intitulé *Un centre de ski qui en émerveillera plusieurs*, décrit dans un langage pittoresque, photos à l'appui, les pistes (*Contour*, *Autoroute* et *Gollé*) en plus d'un sous-bois et d'un tremplin pour le ski acrobatique. Il mentionne que Val Saint-Côme offre des caractéristiques naturelles exceptionnelles qui la distinguent des autres stations de ski, à l'abri des vents dominants avec un flanc sud ensoleillé, et ses pistes ont été dessinées et orientées de façon à garder leur neige.

Puis, dans les deux mêmes hebdomadaires locaux, édition du 23 janvier 1980, **deux faits** retiennent l'attention.

Les éditions du 23 janvier 1980

Les éditions mettent en parallèle l'ouverture officielle de Val Saint-Côme, le samedi 19 janvier, photos à l'appui, avec un autre fait,

---

[9] La signalisation des pistes de ski distinguent 4 couleurs de pistes, les carrés verts, les carrés bleus, les losanges noirs et les doubles losanges noirs.
[10] Tiré de l'hebdomadaire régional l'*Action de Joliette*, édition du 31 octobre 1979.
[11] Tiré de l'hebdomadaire régional *Joliette Journal*, édition du 12 décembre 1979.

plutôt alarmant avec photos à l'appui montrant des centres de ski fermés, dans un article intitulé *Comme partout ailleurs au Québec, Une saison de ski catastrophique dans toute la région de Lanaudière.*

Le contraste des deux articles est frappant. Il contribuera à fabriquer l'image de marque de Val Saint-Côme au fil des premières années et encore aujourd'hui : celle d'une station dont les conditions de ski sont excellentes, même lorsqu'elles sont exécrables partout ailleurs.

Suite au premier article, Val Saint-Côme accueille la plus grosse foule de la première saison, le samedi suivant 26 janvier, avec 325 skieurs. L'article souligne la neige abondante et la présence de personnalités : le maire de St-Côme Monsieur Lionel Venne, Madame Jacqueline Poirier qui a coupé le ruban traditionnel de l'inauguration officielle, Monsieur Léon Roy, sportif bien connu de Joliette...

Le deuxième article montre une photo réunissant des propriétaires de stations venus demander de l'aide financière au député Guy Chevrette, pour compenser pour leur mauvais début de saison : Messieurs Bellerose du Domaine Pontbriand, Barnowski de Parc Montcalm, Durand de Ste-Émilie et Léonard de Mont D'Ailleboust. Évidemment, personne de Val Saint-Côme n'y était. Val Saint-Côme ne pouvait pas d'un côté annoncer des conditions excellentes et de l'autre demander de l'aide pour compenser les caprices de Dame Nature.

La station de ski Val Saint-Côme est également intervenue à plusieurs reprises auprès de Guy Chevrette, mais jamais pour demander de combler un déficit : toujours pour construire et développer davantage. Val Saint-Côme s'est rapidement démarquée par une approche positive à ses demandes de subvention auprès du gouvernement.

Le début à contre-courant de la saison 1979-1980

MES PLUS BEAUX SOUVENIRS

Mes plus beaux souvenirs de la première saison se retrouvent dans les photos reproduites à la partie IV. J'ajouterai les excellentes conditions de neige et l'esprit d'équipe qui régnait dans le groupe des six fondateurs.

Les conditions de neige...

Les excellentes conditions de neige, durant les vacances des fêtes, alors qu'il pleuvait partout dans les Basses-Laurentides, ont mis Val Saint-Côme sur la carte des stations de ski au Québec. Elles ont contribué à créer la réputation d'avoir d'excellentes conditions de ski, avant même l'introduction de la neige artificielle. Mis à part la pluie fine du 24 et du 25 décembre en matinée, qui s'est rapidement transformée en neige, nous n'avons eu qu'un samedi, celui du 12 janvier, où il a plu durant un weekend. La route était impraticable ce jour-là et les autobus de l'école de ski avaient été annulés.

L'esprit d'équipe...

L'esprit d'équipe qui régnait dans le groupe des fondateurs, souvent tous présents à la station, se communiquait aux skieurs. Tous devenaient des amis de la station et en faisaient la promotion auprès de leurs propres amis. Le *bouche-à-oreille* a été notre moyen publicitaire le plus efficace. C'est sans doute ce qui a compensé pour la route d'accès qui présentait des conditions de conduite automobile hasardeuses. L'apport de l'école de ski a aussi été crucial. Lors de la première année, deux autobus d'enfants par semaine étaient amenées à la station de ski, et ce, durant 9 semaines. Les parents suivaient et revenaient souvent le dimanche.

La Forêt magique...

Appelée *Forêt magique* par les enfants de la première saison, il y a à Val Saint-Côme un boisé situé entre la piste du T-Bar et la piste *Autoroute* une série de sentiers, aujourd'hui bordés de bonhommes qui représentent des figures de bandes dessinées.

Ce boisé a d'abord été créé par les enfants de la station qui, lassés de descendre les pistes *Contour* et *Autoroute* dont le degré de pente est faible, se sont fait des sentiers dans le bois. Il nous était impossible, nous les adultes, de les suivre, car nous avions constamment des branches à la hauteur du visage. Par la suite, nous avons coupé les branches encombrantes et la saison suivante, nous y avons ajouté des figurines de bandes dessinées.

Nous aurions pu appeler ce boisé, le *Boisé des enfants*, mais l'appellation originale des enfants de la première saison est demeurée, la *Forêt magique*.

Le dimanche 23 mars 1980...

La première saison avait été très encourageante, pour se terminer le dimanche 23 mars avec une poignée d'amis. En cette fin d'après-midi ensoleillé, après avoir serré la main à nos quatre employés, Hervé Gagné, Jean-Claude Blais, Réal Bordeleau et Denis Thériault, notre gérant de la montagne embauché pour l'été, je me suis retiré pour fermer les livres.

LES APPRENTISSAGES DE LA PREMIÈRE SAISON

La gestion financière et l'exploitation...

La gestion financière de la station a nécessité un suivi hebdomadaire du budget de caisse.[12]. Rappelons que le risque financier avait été minimisé en donnant le restaurant et la boutique de ski en concessions. L'école de ski, sous la responsabilité de Mario, était autonome. Nous n'avions que quatre employés : trois assuraient l'opération du T-Bar et Denis, le gérant assurait le remplacement des employés au besoin et l'entretien des pistes. Celui-ci était minimal, n'ayant que des pistes pour débutants, il suffisait de passer le rouleau lorsqu'il neigeait. On ne pouvait pas faire davantage avec l'équipement disponible. Nous n'étions ouverts que cinq jours sur

---

[12] La technique utilisée est bien décrite dans mon livre *Gérer la performance financière d'une PME, tableau de bord de gestion et budget*, Éditions JFD, publié en 2013.

Le début à contre-courant de la saison 1979-1980

sept, étant fermés le lundi et le mardi, sauf durant les vacances des fêtes.

Dans ce contexte organisationnel simple, je gérais à distance. Les résultats financiers obtenus étaient ce que l'on pouvait espérer de mieux. Ainsi, malgré une légère perte, un FDR négatif et une structure de capitalisation fragile, la première saison fut un succès, car les skieurs étaient au rendez-vous.

J'explique la perte par l'amortissement. L'important était d'avoir généré une capacité d'autofinancement positive, bien que peu élevée. Le FDR négatif s'expliquait en bonne partie par les tranches de la dette à long terme remboursables dans l'année. L'objectif de la première saison était de démontrer la viabilité du projet, ce qui fut fait.

Le plus important était qu'il nous était permis de rêver plus grand.

La mise en marché...

La stratégie de mise en marché a été axée, dès le début, sur le *ski en famille* pour en faire une *station familiale*. Les malins diront qu'il ne pouvait en être autrement, n'ayant rien à offrir pour l'après-ski. Avec une structure de prix très compétitive, il en coûtait 7,50 $ pour un adulte et 6,00 $ pour un enfant pour skier les jours fériés lors de la première saison. Les groupes et l'école de ski bénéficiaient aussi de rabais généreux. Nous avons su intéresser une clientèle qui restera fidèle à la station. L'école de ski étant intimement associée à notre stratégie d'amener d'abord les enfants à la station, pour intéresser par ricochet les parents.

Les employés et les concessionnaires...

La gestion des employés était facilitée par un gérant de montagne très apprécié par les fondateurs. Il s'était constitué une équipe avec trois hommes d'âge mûr pour opérer le T-Bar.

La gestion des concessions (le restaurant et la boutique) était en réalité plus subtile. Leur gestionnaire devait adhérer à la stratégie de prix compétitifs et adopter la stratégie de mise en marché de l'entreprise naissante. Il devait pour cela concilier leurs intérêts parfois à court terme avec la vision à plus long terme des propriétaires. Les résultats financiers montrent des différences importantes, à partir du moment où la station a pris le contrôle de ces concessions. Selon l'indicateur de la provenance des revenus, les concessions ont rapporté à la station, lors de la première saison, 9 % des revenus, 6 %, la deuxième saison et 5 %, la troisième saison, alors qu'elles ont rapporté à la station entre 22 % et 25 %, à compter de la saison 1982-83. Les prix au restaurant étaient raisonnables, mais des clients s'étaient plaints, dès la première saison, des prix à la boutique.

Les associés...

Les attentes des fondateurs étaient comblées. Elles l'ont été tant et aussi longtemps qu'il a été possible de rêver plus grand et que la communication a été fréquente entre nous six.

Nous rêvions, à la fin de la première saison, d'installer un télésiège triple, le *summum* de la technologie des télésièges en opération au Québec en 1980. Cependant, sa réalisation dépendait d'un approvisionnement en électricité. Ce projet s'accompagnait aussi de la construction de nouvelles pistes, de l'achat d'un nouvel équipement pour damer les pistes, de l'agrandissement du bâtiment, abritant le restaurant et la boutique, et du stationnement et, enfin, de l'amélioration de la route d'accès.

Bref, il fallait lancer un projet d'envergure, alors que l'entreprise était déficitaire, montrait un FDR négatif au 30 avril 1980 et avait une structure de capitalisation fragile, inférieure à la borne minimale de 1,0. Seule la capacité d'autofinancement était positive, bien que peu élevée.

Le début à contre-courant de la saison 1979-1980

FAITS À RETENIR DE LA PREMIÈRE SAISON

Quatre faits sont à retenir :

- Viabilité de la station dans des conditions d'opération difficiles : dénivellation qui ne fait qu'un tiers de la montagne, sans électricité avec une route d'accès affreuse;

- Conditions de ski excellentes, malgré la pluie dans les Basses-Laurentides;

- Succès du concept de station de ski familiale;

- Cohésion et esprit d'équipe des six fondateurs.

CHAPITRE 7

LA STATION ACCÈDE AUX LIGUES MAJEURES, SAISON 1980-1981

LA PLANIFICATION DE LA DEUXIÈME SAISON

La deuxième saison débute en ayant en tête les indicateurs de la saison précédente, satisfaisants compte tenu du contexte, mais insuffisants pour réaliser tout de suite un deuxième projet d'investissement majeur, celui de l'installation d'un télésiège triple.

À la fin de cette deuxième saison, la station aura accueilli 16 005 skieurs en 63 jours de ski, réalisé un bénéfice de 42 751 $, grâce à une subvention reçue de 65 000 $ applicable à la main-d'œuvre, et présenté une capacité d'autofinancement de 94 632 $.

LE PROJET DU TÉLÉSIÈGE TRIPLE

La réalisation du projet de télésiège triple nécessitait un approvisionnement en électricité, la construction de nouvelles pistes, l'achat d'un nouvel équipement pour entretenir les pistes et l'agrandissement du stationnement et du bâtiment abritant le restaurant et la boutique. De plus, il fallait convaincre les autorités d'améliorer la route d'accès. Bref, il fallait lancer un projet évalué à près d'un million en 1980, dont la réalisation reposait sur l'investissement par les fondateurs d'un important travail non rémunéré. Le travail non rémunéré a permis de ramener le montant d'investissement nécessaire à 500 000 $.

Le FDR au 30 avril 1980 était négatif à -41 300 $, la structure de capitalisation était fragile à 0,82. Rappelons que ce dernier indicateur correspond au ratio « Avoir des actionnaires/Dette à long terme + FDR ». Or, la BFD exigeait un apport de 1 $ pour chaque 1 $ de prêt, exigeant que ce ratio soit au moins égal à 1,0, c'est-à-dire que le montant de l'avoir des actionnaires devait couvrir environ 50 % des éléments d'actifs immobilisés à long terme.

Nos enseignements en financement d'entreprise montrent l'importance de toujours présenter un FDR positif. Donc, il fallait faire un apport en capital pour avoir un FDR positif et présenter un ratio de la structure de capitalisation égal à 1,0. C'était un préalable à tout nouveau projet d'investissement.

Un premier projet fut quand même présenté à la BFD à la fin d'avril et il fut refusé sans discussion, sinon pour me rappeler les conditions de la BFD : faites un apport de 1 $ et nous vous prêterons 1 $.

La volonté qui dépasse la raison...

Mais la volonté des fondateurs de doter Val Saint-Côme d'un télésiège triple, *summum* de la technologie de 1980, était plus grande que la recommandation de la BFD, dépassant ce que la logique financière recommandait.

La saison de ski s'était terminée le 23 mars et, dès avril, nous avions décidé des pistes à aménager et entrepris leur déboisement. L'enthousiasme de la première saison nous transportait. Sans électricité, ni de télésiège triple, nous aurions au moins des pistes à gravir à pied pour descendre en skis la saison suivante. Ce serait bon pour l'image et la mise en marché subséquente de la station. Cela nous donnerait aussi du temps pour planifier le projet de télésiège, qui reviendrait à coup sûr à la fin de la saison.

De plus, la saison devait nous permettre d'augmenter les revenus et d'améliorer les principaux indicateurs financiers.

La station accède aux ligues majeures, saison 1980-1981

LES MOIS D'AVRIL ET DE MAI 1980

Durant les mois d'avril et mai, les représentations auprès d'Hydro-Québec et du gouvernement (par le biais de Guy Chevrette, député de Joliette et natif de St-Côme) se poursuivent. Nous demandions au gouvernement d'intervenir auprès d'Hydro-Québec, pour qu'elle amène la ligne électrique gratuitement.[13]. Nous cherchions aussi à profiter des programmes de subvention pour la création d'emploi.

Fin mai 1980, nos interventions ont été récompensées : Hydro-Québec consent à nous approvisionner en électricité et nous étions éligibles à un programme de création d'emplois. Ce programme a procuré à la station un montant de 65 000 $, qui a été ajouté aux revenus de l'exercice 1980-81.

LA PRÉSENTATION D'UN PROJET RÉVISÉ À LA BFD

Dans les jours qui suivent ces deux nouvelles, je prépare un nouveau projet pour le soumettre à la BFD. La BFD nous consent un prêt, tardivement à la fin juin, à des conditions très exigeantes. Il fallait être drôlement motivés ou téméraires pour les accepter. En effet, la BFD acceptait de nous prêter à un taux variable, qui atteindra les 25 % capitalisés mensuellement, un montant de 172 383 $, à la condition de faire un apport de 88 383 $, de recevoir la subvention de 65 000 $ pour la création d'emploi et de vendre pour 19 000 $ de terrains.[14]. Ces conditions devaient leur permettre de respecter la politique de 1 $ de prêt pour 1 $ d'argent neuf dans l'entreprise.

Or, l'emprunt, l'apport additionnel, la subvention et la vente de terrains ne couvraient que le coût du télésiège. La BFD nous interdisait tout autre investissement et toute autre amélioration locative supérieure à 15 000 $. En bref, elle nous permettait d'agrandir le stationnement et l'aménagement des pistes que nous avions nous-mêmes déboisées, mais elle nous interdisait d'acheter un nouvel équipement

---

[13] Leur point mort tarifaire a été largement dépassé depuis.
[14] Nous avions déjà des engagements pour le montant de 19 000 $.

pour l'entretien des pistes et d'agrandir le bâtiment abritant le restaurant et la boutique. J'aurais aimé amener le responsable des prêts dans le vieux Snow-Cat pour descendre la piste *Grand prix* sans frein. S'il avait survécu à l'expérience, il aurait sans doute mis l'achat d'un équipement d'entretien des pistes en priorité absolue!

Avec notre vieil équipement d'entretien, il était impossible de descendre une piste qui présentait un degré de pente supérieur à 10 %, sans risque de perdre le contrôle. Il n'était pas possible de descendre les nouvelles pistes, qui présentent un degré de pente de plus de 20 % en plusieurs portions (*Grand prix*, *Point de mire*, *Avalanche* et *Cascades*) avec le vieux Snow-Cat. Nous avons finalement réussi à convaincre la BFD que la Banque Nationale nous prête un montant additionnel pour acheter un équipement de seconde main, pour accéder aux nouvelles pistes. Ce que nous avons épargné sur le prix d'achat en achetant de seconde main, nous coûtera cher en réparations.

LA DÉCISION D'AGRANDIR LE RESTAURANT.[15]

Que faire avec le bâtiment principal qui était déjà trop étroit la première année?

Nous devions trouver une solution. Plusieurs scénarios furent envisagés, y compris louer des roulottes. Finalement, le scénario retenu a été de construire nous-mêmes 3 murs adjacents au bâtiment de la première saison. Ces trois murs, sans séparation à l'intérieur, permettaient de doubler la surface de la salle à manger à l'étage et celle de la boutique au rez-de-chaussée. Nous avions estimé que le coût total des matériaux nécessaires à cet agrandissement ne dépasserait pas les 15 000 $ permis dans notre contrat d'emprunt avec la BFD. Mais, cette dernière ne l'a pas entendu ainsi.

---

[15] La décision d'agrandir le restaurant est celle qui est similaire à celle qui est présentée dans le livre de Joseph Bower, *The Resource Allocation Problem*, publié chez Harvard Business Press, la dernière édition en 1986.

La station accède aux ligues majeures, saison 1980-1981

La BFD avait pris soin de nous prévenir que le montant du prêt consenti ne serait déboursé que lorsque l'apport de gestionnaires serait confirmé par un rapport du vérificateur, que la subvention serait reçue, que la vente de terrains serait complétée et que l'installation du télésiège serait terminée. Avant de débourser le prêt dans la troisième semaine de décembre, leur agent est venu sur place pour prendre des photos. Surpris de voir que le bâtiment avait doublé de superficie, la BFD nous accuse de ne pas avoir respecté le contrat. Par conséquent, elle refuse de débourser le prêt et, de plus, elle nous avise que nous devrons payer des intérêts de 1,5 % par mois sur le montant du prêt qu'elle ne déboursera pas tant et aussi longtemps que nous ne ferons pas un apport additionnel en capital pour couvrir le montant qu'elle estimait correspondre à l'agrandissement du restaurant. Ce dernier montant était le double de ce qu'il nous avait coûté réellement.

Ce jour-là, je me suis rappelé le dicton « Attention à la Banque, parfois elle veut votre bien et si vous êtes imprudent, elle l'aura sûrement. » En effet, nous paierons en frais financiers principalement à la BFD, 24 % du dollar de revenus lors de l'exercice 1981-82 et 36 % du dollar de revenus lors de l'exercice 1982-1983. Pensez-y, de chaque dollar de revenus généré par l'entreprise, vous devez en remettre 24 % la première année et 36 % la deuxième année à la banque.

LES TRAVAUX DE L'ÉTÉ ET DE L'AUTOMNE 1980

Au cours de l'été et de l'automne, nous avons aménagé les pistes et installé le télésiège sous la direction de Jean-Guy. Nous avons eu beaucoup de plaisir à faire ce travail, même s'il était très demandant physiquement. Je veux souligner encore une fois le travail non rémunéré des fondateurs.

Je me rappelle également plusieurs anecdotes cocasses. Une en particulier où avons dû monter un compresseur dans les pistes pour percer des trous dans le roc de la tour 8, tout juste à côté d'un ravin. Il n'y a pas de piste de ski possible sous le télésiège triple, à cet endroit. Nous avons dû attacher les équipements aux arbres, pour éviter qu'ils ne basculent dans le ravin. C'était un exploit.

Une deuxième anecdote savoureuse est survenue lors du creusage des fondations de la tour suivante, la tour no 9. Nous avons eu recours à un expert avec une pépine sur chenilles pour venir creuser les fondations de la tour. Une pépine sur chenilles est plus stable dans une pente. Comme la pépine appartenait à un Canadien-Allemand, Alfred qui parlait allemand en a profité pour avoir une conversation fort agréable avec lui. Mais celui-ci ne l'a pas vu ainsi. Rendu en haut de la montagne par la piste *Autoroute*, lorsqu'il a dû descendre un peu vers la tour no 9 pour creuser le trou, il nous a prévenus, après l'avoir creusé, qu'il ne reviendrait plus jamais travailler pour nous, tellement il avait eu peur.

Le coulage du ciment dans les neuf tours du télésiège et de la station d'arrivée a nécessité 3 heures 30 minutes de travail en hélicoptère, alors que l'installation des tours déjà montés dans le stationnement a pris seulement 1 heure 10 minutes pour les fixer aux fondations.

Alfred avait déjà fait les plans du télésiège en mai. Cependant, le télésiège n'a été mis en production que lorsque nous avons été assurés d'avoir l'électricité et le prêt de la BFD. Or, comme la réponse de la BFD n'est venue qu'à la fin de juin, le télésiège a été mis en production au début de juillet. Nous étions prévenus que la cédule de production était serrée. Cela nous rendait nerveux : d'autres télésièges devaient aussi être livrés en priorité cette année-là, à Mont Tremblant et à Mont Sutton. Il y avait donc une possibilité qu'on ne puisse pas avoir les chaises avant Noël, ce qui nous empêcherait de compléter l'installation du télésiège à temps pour la période des fêtes. C'est pourquoi, tous les soirs après le travail, durant 3 semaines à compter de la mi-novembre, Claude me prenait au bureau entre 17h00 et 18h00 et nous allions assembler les chaises dans l'usine de St-Jérôme.

Le câble fut installé le 19 décembre, opération qui s'est terminée au milieu de la nuit; l'épissure fut faite le 20 décembre; l'installation

La station accède aux ligues majeures, saison 1980-1981

des chaises sur le câble le 21 décembre; et enfin les inspecteurs sont venus procéder aux tests requis le vendredi 22 décembre, dernier jour possible avant les vacances de Noël.

Ouf! Ouf! Et encore ouf! Épuisés, mais mission accomplie! Les premiers skieurs ont pu utiliser le télésiège le samedi 23 décembre 1980.

Quelle sensation de se retrouver en haut et, pour la première fois, d'apprécier ce paysage en skis!

LA SAISON DE SKI

Heureusement, il y avait eu de la neige en novembre, suffisamment pour ouvrir le T-Bar dès le samedi 29 novembre. Nous avons accueilli 232 skieurs en ce dernier weekend de novembre 1980 alors que nous étions à installer le télésiège triple.

ENCORE LA MAGIE DE NOËL

Ce fut encore un Noël magique. Considérée en défaut auprès de la BFD (qu'on avait rebaptisé Banque Fédérale D'étouffement), ayant réussi une installation du télésiège à la dernière minute, étant en déficit de caisse important, ayant vendu des passes de saison en promettant un télésiège, la station accueillait, dès le lendemain de Noël, un nombre de skieurs supérieur à nos estimations les plus optimistes.

Nous avons accueilli plus de 5 000 skieurs en décembre 1980, avec une journée record le samedi 27 décembre 1980 avec 832 skieurs en une seule journée, comparativement à un total de 836 skieurs pour la totalité du mois de décembre 1979.

Le succès inespéré de décembre a été suivi de plusieurs jours de froid intense au début de janvier. Nous avons quand même accueilli 6 384 skieurs au cours de ce mois.

La saison de rêve qui s'annonçait s'est terminée brusquement le 16 février 1981, où il a plu presque sans interruption pendant deux semaines. Les rivières ont dégelé au Québec, à la fin de février 1981, causant plusieurs inondations. La station a été fermée du 16 février au 28 février en 1981, période habituellement très fréquentée dans les centres de ski au Québec, avec la semaine de relâche, à la fin de février. Nous avions quand même accueilli 3 527 skieurs, durant les deux premières semaines de février, avant la fermeture de la station le 15.

**VAL SAINT-CÔME DANS LES MÉDIAS
LORS LA SAISON 1980-1981**

Les journaux locaux, Journal L'Action et Joliette Journal, ont bien diffusé l'événement de l'inauguration du télésiège triple, avec photos des députés de Joliette et de Berthier, Guy Chevrette et Jean-Guy Mercier. La station avait effectivement bénéficié d'une subvention du programme OSE de 65 000 $ pour réaliser le projet.

Plusieurs titres parurent cet hiver-là :

- Premier télésiège triple dans Lanaudière. Les autres stations de ski de Saint-Donat, Mont Garceau et La réserve, ainsi que Parc Montcalm dans Rawdon, n'avaient que des télésièges doubles à ce moment;
- Un coup de pouce de 65 000 $, soit la subvention du programme OSE;
- Un attrait qui déborde De Lanaudière;
- De Lanaudière, région de ski alpin;
- Val Saint-Côme, agent économique important;
- Val Saint-Côme innove.

Il faut dire que nous alimentions régulièrement les journaux locaux en nouvelles.

La station accède aux ligues majeures, saison 1980-1981

Mais, c'est un article d'Yves Létourneau dans le quotidien La Presse du 15 janvier 1981 qui nous propulse véritablement dans les ligues majeures.

L'article, intitulé *Val Saint-Côme dans les ligues majeures*, d'une pleine page dans le plus grand quotidien français d'Amérique, nous a promus dans le groupe des centres de ski intermédiaires au Québec. L'article rapporte une entrevue qu'il m'avait accordée. Il compare Val Saint-Côme aux centres des Basses-Laurentides, mais situé à la latitude de Mont Tremblant, ce qui lui confère des conditions de neige supérieures. Il évoque aussi le développement à venir de la montagne. Monsieur Létourneau a été un visionnaire dans son titre et dans ses propos. Je le cite :

« La station de ski Val Saint-Côme vient de passer des ligues mineures aux majeures. Son télésiège triple, un Doppelmayr, dont la direction est particulièrement fière, a été mis en marche la veille de Noël. Ce télésiège remonte 1 800 personnes à l'heure, triplant la capacité de la station. De plus, il ouvre une surface skiable qui se compare à plusieurs stations importantes des Basses-Laurentides. »

Il termine l'article par ces mots : « Val Saint-Côme ira loin, j'en suis sûr. Il le faut. »

LES APPRENTISSAGES DE LA DEUXIÈME SAISON

La gestion financière...

Durant l'été et l'automne, il a fallu manœuvrer avec un FDR déficitaire au 30 avril 1980, voire à encaisser les apports engagés, rencontrer les exigences de la subvention, vendre les terrains et payer des fournisseurs pour les travaux réalisés durant l'été et l'automne. Encore une fois, le budget de caisse ajusté à chaque semaine s'est avéré un outil indispensable.

La planification financière, la mise en marché, la stratégie d'exploitation, la gestion des employés et la gestion des concessionnaires s'enchaînent et doivent être pris comme un tout, tellement les décisions concernant un volet ont un impact sur les autres volets.

L'exploitation...

Sans neige artificielle, l'entretien des pistes était très difficile, surtout en début de saison lorsque la couche de neige est mince. Plus le degré de pente est élevé, plus l'entretien s'avère difficile, occasionnant plusieurs bris à l'unique équipement d'entretien des pistes que nous avions.

Malgré les améliorations apportées au bâtiment principal, les toilettes étaient nettement trop petites et nous avons dû refaire le champ d'épuration, l'année suivante.

Le travail des fondateurs à la lumière des investissements

L'analyse des investissements révèle l'énorme travail effectué par les fondateurs. En gros, voici les investissements réalisés[16] selon les données apparaissant aux états financiers.

INVESTISSEMENTS	Montant
Remontées mécaniques et installation	369 761 $
Équipement pour damer les pistes	35 588 $
Bâtiments*	36 702 $
Outillages et équipements d'entretien	6 402 $
Terrain	7 535 $
Routes et aménagement des stationnements	14 708 $
Mobilier et équipement de bureau	3 432 $
Total des investissements réalisés	**472 328 $**
*Le poste *Bâtiment* incluait 3 petites cabanes, soit les cabanes de départ et d'arrivée du télésiège et une cabane externe pour la vente des billets afin de dégager le bas de l'escalier où nous vendions les billets la première année.	

Les états financiers ne révèlent pas le travail qui a été réalisé sans rémunération par les fondateurs de Val Saint-Côme. Ce travail se chiffrerait en milliers de dollars s'il avait fallu le débourser. Celui-ci

---

[16] Tel qu'apparaissant aux états financiers vérifiés.

La station accède aux ligues majeures, saison 1980-1981

inclut le déboisement des pistes, l'installation du télésiège et l'agrandissement du restaurant. De mon côté, j'ai aussi eu à préparer plusieurs budgets, élaborer plusieurs scénarios, faire plusieurs visites à la BFD, préparer et répondre à la reddition des comptes en relation avec la subvention reçue.

Comment réaliser des investissements de 472 328 $ (selon la valeur comptabilisée aux livres) avec un projet planifié de 344 776 $, soit 2 fois le montant du prêt accordé 172 383 $? De plus, la portion attendue de la BFD (172 383 $ ou 50 % du montant du projet) n'avait pas été reçue. Elle le sera finalement en juin lorsque nous aurons reçu les états financiers vérifiés de l'exercice terminé le 30 avril 1981 et vendu un autre terrain. La station a présenté des résultats positifs grâce à la fréquentation additionnelle malgré la fin de saison hâtive. L'autofinancement de 94 632 $, issus du bénéfice de 42 751 $ a sauvé la mise.

Il faut aussi mentionner le prêt consenti par la compagnie de remontée mécanique en attendant que l'on débloque le prêt de la BFD et que l'on puisse régler le solde dû.

L'analyse des revenus et des charges

Les revenus proviennent (1) de la fréquentation de 16 005 visites, comparativement à 7 082 la première année et ce, malgré le fait que la station a été fermée du 16 au 28 février; (2) de l'obtention d'une subvention à la création d'emploi de 65 000 $, provenant du programme de création d'emploi OSE. Les statistiques de fréquentation montrent que 32 % des visites ont été faites au cours de la dernière semaine de décembre, 40 % en janvier, où il avait fait particulièrement froid, et seulement 22 % en février, alors que la fréquentation en février est généralement aussi bonne qu'en janvier, comme en témoigne la fréquentation des saisons suivantes. Enfin, les ventes de passes de saison ont représenté 10 % des revenus de ski, une augmentation appréciable en lien avec le développement d'une station de ski familiale.

Le graphique de la provenance des revenus montre que les revenus provenant des concessions (le restaurant et la boutique) ne représentent que 6 % des revenus la deuxième saison. À compter de la quatrième saison, ce pourcentage sera de plus de 20 %, on peut considérer que le différentiel (20 % - 6 %) est le prix à payer pour ne pas avoir à gérer les concessions et diminuer le risque financier. Un autre poste apparaît pour la première fois, celui des revenus *Autres*, représentant les profits générés par la vente de terrains. Ce poste montrait 14 % cette année-là.

Côté charges, un nouveau poste est apparu, celui de l'électricité qui prendra de plus en plus d'importance au fil des ans. Il représentera près de 50 % des charges de la montagne (autres que les salaires versés) pour certaines années. L'accroissement du FDR déficitaire était artificiel, car il était directement lié au fait que la BFD n'avait pas déboursé le prêt qu'elle nous avait initialement accordé, occasionnant un solde dû à la compagnie de remontée mécanique Doppelmayr.

Les frais financiers étaient excessivement élevés et représentaient 17 % des charges. Ils n'allaient pas diminuer, n'ayant remboursé que 17 000 $ dans l'année sur les dettes à long terme.

Une perception erronée...

L'achalandage élevé de la station, particulièrement durant les vacances des fêtes, donnait l'impression que la station de ski était une entreprise très lucrative. De notre côté, nous avions l'impression que la plus grande partie des revenus générés allaient à la banque et aux concessionnaires.

L'analyse de la capitalisation

L'indicateur de la structure de capitalisation s'était détérioré, passant de 1,00 à 0,58. Avec une structure de capitalisation nettement détériorée et en dépit d'un bénéfice et d'un autofinancement accru, nous demeurions une entreprise fragile au plan financier. Cependant, nous étions sur la bonne voie de la viabilité financière. Il faut souligner

La station accède aux ligues majeures, saison 1980-1981

toutefois que sans la subvention de 65 000 $ du programme OSE, nous aurions été déficitaires et celle-ci n'était pas renouvelable.

Notre demeurions optimistes de rendre l'entreprise rentable à long terme.

Les conditions de ski

Les conditions étaient excellentes sur les pistes qui partaient du T-Bar, mais elles ne l'étaient pas sur les pistes partant du télésiège. Le degré de pente nettement plus élevé de la piste *Grand prix* en particulier laissait régulièrement des parties à découvert. Celle-ci devint rapidement la piste la plus fréquentée de la station, et elle l'est encore aujourd'hui. La neige naturelle était insuffisante et nous ne pouvions pas travailler la piste mécaniquement. Elle était pleine de bosses et les skieurs accrochaient parfois dans les trous entre les bosses. Nous savions déjà qu'il faudrait tôt ou tard investir dans des équipements de neige artificielle. Toutefois, nous n'avions pas les moyens financiers de doter la station d'un système de neige artificielle, jusqu'au jour où nous avons été forcés de le faire par Dame Nature.

Notre plus grand souci demeurait les conditions de financement de la BFD. Notre plus grand espoir était d'avoir une saison d'enneigement, où il serait possible de skier de début décembre à la fin mars.

À la rencontre de l'Association des propriétaires des stations de ski (APSSQ).[17], je suis élu pour la première fois membre du Conseil d'administration. Je deviendrai le trésorier de l'Association l'année suivante. Puis, à mes trois dernières années dans l'industrie du ski, j'en assumerai la présidence.

La mise en marché...

Considérant les foules que nous avions attirées durant les vacances des fêtes, la mise en marché a été un succès. Les principaux commentaires négatifs touchaient régulièrement la route et les conditions

---

[17] L'APSSQ est devenu aujourd'hui l'ASSQ, Association des stations de ski du Québec.

sur certaines pistes, en particulier le haut de la piste *Autoroute* qui faisait peur aux débutants. En lien avec la stratégie, l'école de ski fonctionnait très bien à partir de Joliette. L'objectif visé était d'étendre le transport à d'autres villes de la région, Repentigny en particulier. Du travail était à faire pour attirer les classes neige sur semaine et le concessionnaire de la boutique ne s'avérait pas le collaborateur idéal pour offrir les rabais que nous offrons nous-mêmes sur le prix des billets de groupes.

La station offrait une image avant-gardiste, avec les tours du télésiège en trois couleurs, soit rouge dans le premier tiers inférieur, orange dans le deuxième tiers et jaune dans le tiers supérieur.

Les employés et les concessionnaires...

Le nombre d'employés s'était accru avec l'ajout du télésiège triple au T-Bar et l'ouverture de la station sur sept jours sur sept. La gestion des employés n'était pas encore complexe, les employés du restaurant et de la boutique n'étant pas encore sous notre responsabilité.

Sauf pour notre gérant, nous n'étions pas encore en mesure de garder des employés à l'année et cela nous obligeait à réembaucher chaque année de nouveaux employés. Notre objectif avoué à long terme était d'être en mesure de compter sur un noyau d'employés permanents.

Les attentes des concessionnaires ont tendance à être davantage à court terme. Lorsqu'il y a 800 personnes en une journée, ils peuvent croire que la station s'enrichit. Par contre, ils ne peuvent pas savoir qu'avec un montant élevé de charges engagées, il faut terminer la saison avec un montant d'encaisse important, pour payer les charges engagées durant les mois d'avril à novembre.

Une divergence de vues grandissante se dessinait avec le concessionnaire de la boutique, qui nous donne l'impression de vouloir tout contrôler. Nous ne lui avions pas confié l'école de ski, ce qu'il nous demandait, la gardant sous la responsabilité de Mario, et ce fut une excellente décision, car notre stratégie de mise en marché misait sur la collaboration de l'école de ski. Les statistiques détaillées concernant les billets de remontées vendus via l'école de ski ont représenté jusqu'à 10 % de la fréquentation totale, incluant les enfants amenés chaque samedi par autobus et les classes neige.

En ce qui touche le volet financier, nous devions encore maintenir notre stratégie de réduire le risque financier en travaillant avec des concessionnaires. Nous avions d'ailleurs accordé initialement un contrat de trois ans au concessionnaire du restaurant et un contrat de cinq ans à celui de la boutique. Ce dernier nous avait convaincus de lui accorder une telle durée de contrat, prétextant qu'il lui fallait faire un investissement important en équipements de location. Ce fut une erreur de notre part. Nous avons racheté son contrat après la troisième année.

Les associés...

Tant que le rêve a été vivant et que nous avons pu nous parler presque quotidiennement, j'ai été en mesure de comprendre les attentes des uns et des autres et il a été facile de faire consensus dans le groupe et de comprendre les décisions prises.

FAITS À RETENIR DE LA DEUXIÈME SAISON

Six faits sont à retenir :

- Entrée dès la deuxième année dans les ligues majeures de l'industrie du ski, comme le soulignait l'article d'Yves Létourneau dans La Presse, certes le fait saillant de la saison;

- Fin hâtive de la saison, anéantissant tout espoir d'investissement additionnel la saison suivante;

- La volonté de réaliser un projet et les besoins identifiés pour avoir du succès vous font prendre des risques qui peuvent paraître insensés aux organismes prêteurs;

- L'analyse financière ne sert pas à prendre la décision d'investir ou non, mais plutôt à s'organiser pour faire face aux obligations financières qui en découlent;

- L'entretien des pistes nous révélait la difficulté de travailler des pistes de plus de 20 degrés sans une couche de neige suffisante pour ne pas accrocher le fond de piste avec la machinerie;

- L'amélioration des pistes pour débutants, en particulier la première partie de la piste *Autoroute* était prioritaire. Il fallait en faire une véritable piste pour skieurs débutants en l'élargissant, en l'irriguant pour annihiler la formation de glace à certains endroits et en diminuant le degré de pente de la partie supérieure.

CHAPITRE 8

LA SAISON RÊVÉE, 1981-1982

La saison 1981-82 fut merveilleuse, celle que l'on souhaite et dont on rêve. Il a neigé tôt, il a neigé abondamment et il n'y a pas eu de dégel majeur, durant la saison qui a débuté le 28 novembre 1981 pour se terminer le 3 avril 1982. La station a accueilli un total de 26 514 skieurs, comparativement à 16 005 lors de la saison précédente et à 7 085 lors de la première saison. Au cours de 41 journées, nous avons reçu plus de 200 skieurs. Le 6 mars 1982, un record inégalé jusqu'à maintenant a été atteint avec 950 skieurs.

Revoyons les activités qui ont marqué l'été et l'automne qui ont précédé cette saison de rêve.

L'ÉTÉ ET L'AUTOMNE 1981

L'été et l'automne de 1981 ont été consacrés à l'amélioration des pistes. Les vacances et tous les weekends y ont été consacrés. Les souches sorties de terre, après le premier hiver dans les pistes déboisées la saison précédente, ont été abaissées; un trou béant dans la piste *Autoroute* juste avant le début de la piste *Gollé* a été corrigé; des caps et des roches encombrants dans la première partie de la piste *Grand Prix* ont été dynamités. Sous la direction de Jean-Guy, les roches dynamitées ont été réutilisées pour remplir d'autres trous.

Pour prévenir l'érosion sur les pistes fraîchement aménagées, deux remorques complètes de balles de foin ont été étendues et cette fois-ci sans hélicoptère pour monter les balles de foin sur les pistes. Cette opération a duré quelques semaines. Alfred imagina un stratagème audacieux pour monter le foin sur les pistes, pour compenser notre lacune en machinerie et en véhicules quatre roues. Il s'agissait de monter les balles de foin à l'aide du télésiège triple, pour les descendre en traîne sauvage, jusqu'à l'endroit où il fallait étendre le foin sur les pistes. La traîne sauvage sur le foin fraîchement étendu glissait très bien! Comme sur la neige! Il fallait la retenir pour ne pas aller trop vite. Les pistes *Grand Prix*, *Point de mire*, *Cascades* et la première partie de l'*Autoroute* et du *Gollé* ont ainsi été recouvertes de foin, pour prévenir l'érosion et activer la semence.

Le travail de démarchage auprès des écoles pour attirer des classes neige a été poursuivi. Le dépliant annonce la formation du *Club sportif Val Saint-Côme*, dont l'objectif était d'organiser des compétitions amicales à Val Saint-Côme. Il y a eu huit compétitions amicales organisées durant la saison entre les habitués de la station.

L'école de ski poursuivra également son activité, en ajoutant les skieurs de la ville de Repentigny à ceux de Joliette.

VAL SAINT-CÔME DANS LES MÉDIAS LORS LA SAISON 1981-1982

Les articles dans les journaux locaux sont nombreux. Ils font état de la qualité du domaine skiable et des facilités de Val Saint-Côme. La première compétition provinciale tenue à Val Saint-Côme en ski acrobatique, dans le cadre des épreuves de la coupe Sealtest, y est relatée.

La station Val Saint-Côme a également fait parler d'elle dans plusieurs revues de ski. Un article de Guy Robillard sur **Les Saintes Montagnes** (appellation qu'il donne aux montagnes de Lanaudière), présente le Mont Ste-Émilie, Val Saint-Côme et le Mont D'ailleboust.

La saison rêvée, 1981-1982

Les résultats de l'épreuve de ski acrobatique de la coupe Sealtest sont rapportés dans La Presse et le Journal de Montréal. Dans l'édition du Journal de Montréal du 22 février 1982, on lit :

« Claude Brunet, ce jeune skieur de la région de Lanaudière qui avait remporté la médaille d'or lors de la rencontre de Vallée Pruneau en Mauricie, est sorti grand vainqueur de la dernière compétition de saut à Val Saint-Côme, en exécutant un superbe périlleux arrière groupé devant une foule estomaquée. »

En février 1981, un article dans Le Caducée, journal des diplômés HEC relate le développement de la station de ski Val Saint-Côme.

Val Saint-Côme apparaît désormais régulièrement dans les bulletins informant des conditions de ski. Au cours de cette saison, la station a été visitée pour la première fois par le groupe de Guy Thibeaudeau, responsable des bulletins de conditions de ski diffusés dans plusieurs stations de radio et de télévision.

LES APPRENTISSAGES DE LA TROISIÈME SAISON

L'exploitation...

Les deux premières années de la station avaient été marquées par des situations de relative urgence, comme celle de l'installation du télésiège triple complétée de justesse le 22 décembre. Au plan financier, la gestion de la trésorerie obligeait à certaines acrobaties, étant donné les indicateurs déficitaires et le coût élevé du financement. Nous avons pris le temps d'améliorer les pistes et de nous occuper convenablement de la mise en marché.

Par ailleurs, d'autres problématiques sont apparues au cours de la saison. Les intérêts et frais financiers avaient plus que doublé. C'était devenu insensé, la BFD exigeait alors le taux de base de plus 1,25 %, ce qui donnait plus de 25 % d'intérêts à payer, capitalisés mensuellement. Le bénéfice réalisé, sans aucune subvention, équivalant à 15 %, était nettement inférieur au coût des emprunts. Combien de temps encore cette situation allait-elle durer? Réaliser 15 % pour payer 25 % à la BFD, cela était intenable.

Côté revenus, cette saison peut être qualifiée d'excellente pour le ski alpin. Les billets vendus par l'école de ski représentaient 6 % du poste *Revenus ski*. Le nombre de skieurs sur semaine était passé de 1 938 à 6 805. Pour la première fois dans l'histoire de la station, nous avions réussi à attirer une clientèle significative sur semaine. Cependant, le pourcentage des revenus issus des concessionnaires avait encore diminué; il ne représentait plus que 5 % du dollar de revenus.

Le coût de l'électricité avait augmenté substantiellement, représentant 6 % des charges totales.

Les concessionnaires...

L'insatisfaction des clients à l'égard du concessionnaire de la boutique nuisait à l'image de la station. Nous avons donc racheté son contrat à la fin de la saison pour un montant de 8 000 $. Nous devions presque donner les billets aux classes neige, parce que celui-ci refusait de baisser le prix des locations à un niveau compétitif avec les autres centres pour un service équivalent.

En qui concerne le concessionnaire du restaurant, un nouveau contrat devait être négocié, puisque le précédent venait à échéance. Nous ne sommes pas parvenus à une entente, puisqu'il n'a pas accepté les augmentations de loyer proposées. Ceci nous a amenés à opérer le restaurant nous-mêmes. Dès que nous avons repris les concessions, les revenus[18] tirés de celles-ci ont représenté plus de 20 % des revenus annuels.

La saison suivante nous avons donc dû ajouter à nos apprentissages celui de la gestion d'un restaurant et d'une boutique de ski (vente et location).

---

[18] Rappelons que les revenus des concessions sont les marges réalisées lorsqu'on enlève le coût des marchandises vendues.

La saison rêvée, 1981-1982

La mise en marché…

La poursuite de la stratégie consistant à attirer des enfants et des classes neige se poursuit.

Les prix sont maintenus à un niveau très raisonnable, avec une politique de prix moindre pour ceux qui utilisent seulement le T-Bar. Le télésiège triple faisait encore peur aux skieurs débutants.

Nous cherchons également à nous démarquer dans des événements qui intéressent les médias, comme l'événement de la Coupe Sealtest.

Les associés…

Le succès d'une première saison sans interruption météo augmente les attentes des uns et des autres. Déjà Alfred nous fait visionner les films sur les télésièges débrayables et les télésièges quadruples. Nous aurions été les premiers au Québec.

Toutefois, les indicateurs financiers étaient encore fragiles. L'autofinancement d'un projet n'était pas possible : l'indicateur de la structure de capitalisation était à 0,76 au 30 avril 1982, encore inférieur à la borne minimale de 1,0. Ceci indique clairement que tout nouvel investissement devra comporter un ajout de capital neuf.

Considérant la situation financière encore fragile et les nouveaux apprentissages à faire concernant la gestion du restaurant et de la boutique de ski, nous avons sagement décidé de reporter tout projet d'investissement majeur à l'année suivante.

L'été a été consacré à poursuivre l'amélioration des pistes, à l'agrandissement du stationnement et à l'amélioration des services sanitaires.

FAITS À RETENIR DE LA TROISIÈME SAISON

Cinq faits sont à retenir :

- Une première saison de collaboration complète avec Dame Nature;

- Pour la première fois, l'entreprise réalise un bénéfice sans avoir reçu de subvention et elle paie de l'impôt;

- Pour la première fois, la capacité d'autofinancement dépasse le montant annuel d'amortissement;

- Notre optimisme était enfin récompensé. Nous étions repartis sur un nouvel élan, rêvant d'un autre projet d'investissement majeur;

- Réélu au Conseil d'administration de l'Association des propriétaires de stations de ski, je suis nommé au poste de trésorier. Ce mandat permet à la station d'être informée des politiques gouvernementales en matière de développement touristique des stations de ski.

CHAPITRE 9

L'ÉPREUVE ULTIME DE LA SAISON 1982-1983

La station a été fermée durant toute la période des fêtes, période où plusieurs stations de ski réalisent 33 % de leur chiffre d'affaires. Au 30 avril 1983, 12 644 skieurs avaient skié à Val Saint-Côme, comparativement à 26 514 la saison précédente. La station a subi une perte de 94 769 $ comparativement à un bénéfice la saison précédente. Inutile de rappeler l'impact sur les autres indicateurs financiers.

Cette épreuve a changé à jamais la gouvernance de la station. Elle a progressivement affecté l'esprit d'équipe qui régnait depuis le début de l'entreprise.

Cette saison était pleine d'espoir. Nous étions tous optimistes à l'idée d'entamer la saison avec une nouvelle équipe de gestionnaires et d'employés pour opérer le restaurant et la boutique. Toutefois, elle s'est vite transformée en saison à oublier. Une Dame Nature peu favorable a forcé la fermeture de plusieurs petits centres de ski au Québec. Pour ces dernières, ce fut la dernière saison.

Val Saint-Côme a relevé cette épreuve, grâce à la cohésion encore intacte du groupe initial des fondateurs, grâce une fois de plus à leur travail non rémunéré.

Côté humain, ce fut un véritable cauchemar, car nous avons dû remercier plusieurs employés en cours de saison, des employés que nous aurions aimé garder l'été suivant, étant donné leur contribution au développement de la station.

Aux origines de Val Saint-Côme

Pour assurer la survie de la station, il a fallu élargir le groupe original des actionnaires à la fin de la saison. Cette décision fut nécessaire dans le contexte du 30 avril 1983, mais elle a eu de multiples conséquences au cours des années suivantes, affaiblissant la cohésion du groupe original.

LA PRÉPARATION DE LA SAISON 1982-83

Au 30 avril 1982, la saison qui venait de se terminer avait été un franc succès. C'est donc avec enthousiasme que le travail d'amélioration des pistes s'était enclenché. L'été précédent, les efforts avaient porté sur les pistes *Autoroute*, la piste de calibre débutant par excellence, et *Grand Prix*, la piste de calibre expert la plus fréquentée. À l'été 1982, les cibles furent les pistes *Gollé*, *Cascades* et *Midi*, vues comme les pistes de calibre intermédiaire les plus convoitées. La piste *Gollé* fut doublée en largeur et une bonne partie des pistes *Midi* et *Cascades* furent fondues en une seule piste large et agréable à skier.

Le travail dans la montagne a toujours été la partie agréable, car nous aimions tous y travailler et voir l'amélioration apportée aux pistes. C'était aussi une occasion idéale pour échanger.

Au cours du printemps, s'était poursuivie notre intervention auprès des autorités gouvernementales, afin que la route allant du village de St-Côme à Val Saint-Côme soit prolongée jusqu'à Notre-Dame-de-la-Merci. Le prolongement de cette route permettrait de la numéroter au sens de la réglementation provinciale. Une fois numérotée, elle deviendrait une route provinciale. Ces dernières obéissent à un standard d'entretien en hiver et elles sont éventuellement asphaltées. Finalement, la construction de la route a été annoncée pour le début de l'automne 1982. Elle deviendra la route no 347.

La prise en charge des concessions du restaurant et de la boutique nécessitait de nouveaux apprentissages, nous permettant, nous l'espérions, d'améliorer la rentabilité de la station. La gérance a été redéfinie. Un gérant de la station, responsable de la billetterie et du

L'épreuve ultime de la saison 1982-1983

restaurant, fut embauché. Denis Thériault est demeuré responsable de la montagne. Un responsable pour la boutique, à qui nous avions également confié la direction de l'école de ski, fut aussi embauché. Des employés ont également été embauchés pour le restaurant et la boutique.

Encouragés par les résultats de la saison précédente, nous nous sentions en meilleur contrôle et la saison 1982-83 s'annonçait prometteuse.

Dame Nature en décida tout autrement.

LE MOIS DE DÉCEMBRE 1982

La saison précédente s'était ouverte le 28 novembre 1981, pour accueillir 258 skieurs le dernier weekend de novembre 1981. Les attentes des responsables et des employés nouvellement embauchés étaient grandes.

Mais il n'y a pas eu de neige en novembre 1982. La température fut beaucoup trop douce.

Arrive décembre, l'ouverture de la station est reportée d'une semaine à l'autre, nous disant qu'il finirait bien par neiger. Le stress et l'anxiété issus de l'inactivité créent parfois des conflits. Je fus amené à gérer des divergences entre les responsables nouvellement embauchés. Je me rappelle d'un jour à la mi-décembre, où je suis venu à la station en milieu de semaine, pour régler un différend.

Nous avons tenté une ouverture partielle des pistes de calibre débutant, dans des conditions passables, le 18 décembre 1982. Seulement 68 skieurs se sont présentés. La station a été fermée le lundi 20 décembre et le mardi 21 décembre. Le 22 décembre, 109 skieurs se sont présentés et 23 skieurs seulement, le 23 décembre, dans des conditions similaires, puis plus rien. La station est demeurée fermée du 24 décembre 1982, au vendredi 7 janvier 1983 inclusivement, alors que nous avions reçu plus de 5 000 skieurs, pendant la semaine entre Noël et le Jour de l'An de la saison précédente.

Nous avons accueilli moins de skieurs en décembre 1982, que lors de la toute première saison en décembre 1979, avec seulement le T-Bar comme remontée mécanique.

Imaginez la consternation. Imaginez le désarroi des gestionnaires nouvellement embauchés et des employés qui devaient travailler. Nous avons dû remercier le responsable de la boutique. Tous anticipaient un engagement à l'année. Nous avons aussi dû remercier tous les employés, avant la fin de la saison, et pour la période estivale.

Nous faisions face à un déficit majeur. Il fallait trouver un moyen d'assurer la survie de la station.

L'AUTOMNE 1982 DANS LES MÉDIAS

L'édition du Joliette Journal du 14 juillet 1982 titre, à la une, *La route de l'avenir touristique* annonçant qu'une route serait bientôt construite entre Saint-Côme et Notre-Dame-de-la-Merci. Ce fut la seule bonne nouvelle de l'année. Val Saint-Côme serait à quinze minutes de Notre-Dame-de-la-Merci et à vingt-cinq minutes de Saint-Donat.

LA SAISON 1982-1983 DANS LES MÉDIAS

Dès le début de janvier, on a pu lire encore à la une, photos à l'appui montrant la terre dans les pistes, *Catastrophe dans nos centres de ski* et *Le pire début de saison en quinze ans pour le ski dans de Lanaudière*.

Par ailleurs, dans le cadre des jeux régionaux de l'hiver 1983, Val Saint-Côme a tout de même été l'hôte de la finale régionale de l'épreuve de ski alpin, le samedi 5 février et le dimanche 6 février.

L'épreuve ultime de la saison 1982-1983

La station de ski Val Saint-Côme a été moins présente dans les médias régionaux, alors que la saison précédente, les activités qui s'y déroulaient étaient médiatisées à chaque semaine.

LES APPRENTISSAGES D'UNE SAISON ÉPROUVANTE

La gestion financière et l'exploitation...

Être fermé durant la période complète des vacances de Noël était, pour une station de ski alpin au Québec, une épreuve que vous ne souhaitez jamais revivre. Les trois premières saisons, nous avions accueilli respectivement 836, 5 071 et 6 353 skieurs en décembre. En décembre 1982, nous avions accueilli, avant Noël, 260 skieurs. Lorsque les revenus anticipés sont absents, tu regardes le budget de caisse quotidiennement, tu espères et tu réajustes les scénarios, cherchant des moyens de reporter les paiements qui sont dus.

Tous les engagements financiers que nous avons pu annuler l'ont été. La BFD a consenti au report des remboursements de capital, mais il n'était pas question de reporter le paiement mensuel des intérêts. La marge de crédit, endossée personnellement par chacun de nous, a été utilisée au maximum. À la fin de la saison, la station a présenté une perte de 94 769 $, un FDR négatif de -156 480 $. Les fondateurs avons nous-mêmes opéré (sans rémunération) le télésiège le dernier mois de la saison, pour les quelques mordus.

Diriger une PME, signifie souvent être capable d'accomplir toutes les tâches. Dans notre cas, nous avons opéré les remontées mécaniques, réparé des skis et opéré un restaurant.

Dans un tel contexte financier, les organismes prêteurs exigent des rapports mensuels sur la situation de la trésorerie.

La mise en marché...

Le dépliant publicitaire de la saison, préparé en août 1982, intègre la station et l'école de ski. L'école de ski était au cœur de la stratégie de développement d'une station de ski familiale. On y annonce des autobus partant de la boutique Antonin Sports à Joliette et du service des loisirs de Repentigny.

Les associés...

Les attentes des fondateurs fondent comme neige au soleil et les projets d'expansion sont tablettés. Le mot d'ordre est double,

« Il faut sauver la mise » et

« Il n'est plus question d'opérer sans neige artificielle ».

La neige artificielle aurait permis à la station de sauver une partie de la saison, car il y a eu des périodes de froid intense en décembre et en janvier. Après les jours de pluie, il aurait été possible d'enneiger artificiellement les pistes et de préparer la surface skiable. À la suite de la saison 1982-83, la neige artificielle est devenue une commodité dans presque toutes les stations de ski du Québec qui avaient survécu, y compris au Mont St-Anne à Québec qui avait opéré jusqu'à la saison 1982-83 que sur de la neige naturelle.

Au 30 avril 1983, deux défis se dressent à la jeune entreprise :
- trouver des fonds pour assurer sa survie et;
- doter la station d'un système de fabrication de neige.

Même dans la situation délicate dans laquelle l'entreprise se trouvait, l'option de la faillite n'a jamais été envisagée par les fondateurs. Nous y avions mis notre cœur et étions décidés à prendre tous les moyens pour retrouver le chemin de la rentabilité.

FAITS À RETENIR DE LA QUATRIÈME SAISON

Quatre faits sont à retenir :
- Le désarroi du personnel en général au moment où Val Saint-Côme est en train de devenir le gagne-pain de plusieurs. Un tel événement serait terrible aujourd'hui pour l'économie du village. Mais, heureusement, Val Saint-

L'épreuve ultime de la saison 1982-1983

Côme est en mesure de fabriquer de la neige en quantité depuis la saison 1983-84;

- Pour les 6 fondateurs, la saison 1982-83 signifie la fin d'une période euphorique;

- Les statistiques de fréquentation et les résultats financiers parlent d'eux-mêmes. Imaginez 12 644 skieurs comparativement à 26 514 l'année précédente, une perte de 94 769 $ comparativement à un bénéfice de 28 761 $ l'année précédente, une FDR négatif de 156 480 $ et un ratio de capitalisation de 0,4 en deçà du seuil minimal de 1,0;

- Réunis lors de l'assemblée annuelle tenue en mai au Mont Comi cette année-là, des membres influant de l'Association des propriétaires de ski du Québec me demandent d'accepter la présidence, afin d'intervenir plus efficacement auprès du gouvernement, avec le mandat d'influencer les politiques de développement de l'industrie du ski au Québec. J'accepte ce mandat, estimant des retombées potentielles pour la station.

CHAPITRE 10

LA SAISON DE LA SURVIE, 1983-1984

Qui aurait pu croire au début de la saison, alors que l'entreprise était au bord de la faillite, que la station accueillerait 35 815 skieurs en 115 jours de ski, dont 56 avec plus de 200 skieurs, comparativement à 12 644 en 57 jours de ski la saison précédente, dont seulement 21 jours avec plus de 200 skieurs. Pour la première fois également, plus de 1 000 skieurs se sont présentés en une seule journée, soit 1 287 le mardi 27 décembre 1983.

Au plan financier, la station réalisera ses meilleurs résultats des sept premières années de Val Saint-Côme avec un bénéfice de 171 071 $ et une capacité d'autofinancement de 256 962 $.

DE NOUVEAUX ACTIONNAIRES

Au 30 avril 1983, réalisant la saison désastreuse qui venait de se terminer, des amis de la station souhaitent nous apporter leur soutien, en commençant par nos parents et un oncle. Cinq nouveaux actionnaires se sont ajoutés au groupe des fondateurs. Jean Boisvert (père de Mario et Hugues), Bernard Gagnon (oncle de Mario et Hugues), Yvon Pépin (ami de la station) et deux résidents du Lac Clair de St-Côme, André Boisvert (aucun lien de parenté) et Jean-Louis Durand, deviennent actionnaires.

Durant le mois de mai, une demande de subvention a été préparée pour doter la station d'un système de neige artificielle.

Les nouveaux actionnaires et les fondateurs font ensemble un apport supplémentaire de 150 000 $ en capital neuf. La subvention obtenue du MLCP fut de 150 000 $ et du Ministère de l'Emploi et de l'immigration du Canada de 21 840 $. Ces sommes, ajoutées au travail non rémunéré des fondateurs, ont permis de doter la station d'un système de fabrication de neige artificielle.

LES TRAVAUX DE L'ÉTÉ ET DE L'AUTOMNE 1983

Ne sachant pas que la saison à venir surpasserait toutes les précédentes, en fréquentation de skieurs, les travaux visant à doter la station de neige artificielle débutent à la fin août et sont complétés au cours de l'automne, le plus tard possible afin de payer les fournisseurs le plus tard possible.

Étant en mode de survie financière, depuis la fin de la dernière saison, il n'était pas même envisageable de commander une étude pour l'installation d'un système de fabrication de neige. De plus, il n'existe pas de firmes spécialisées dans l'installation des systèmes de fabrication de neige au Québec, bien qu'il y ait plusieurs vendeurs de ce type d'équipements. Jean-Guy s'est dévoué une fois de plus pour nous suggérer un système maison de fabrication de neige. Il en a dirigé l'installation.

Je revois toutes les étapes de ce délicat processus d'installation : monter les tuyaux en haut de la montagne, les souder là où se trouve l'arrivée du télésiège triple, puis les redescendre sur le côté des pistes, en prenant soin de bien les attacher, pour ne pas qu'ils se retrouvent en bas de la montagne.

REGARD DES MÉDIAS SUR L'AUTOMNE 1983 ET L'HIVER 1983-84

Dans le Journal l'Action du 18 octobre 1983, l'octroi d'une subvention de 150 000 $ est annoncé en grande pompe lors d'une conférence de presse en compagnie du ministre Guy Chevrette, au restau-

La saison de la survie, 1983-1984

rant St-Hubert de Joliette, pour un système de neige artificielle. On rappelle combien la saison précédente sans neige avait été désastreuse.

Dans un autre article, est faite l'annonce d'une subvention pour un projet Canada au Travail de l'ordre de 65 740 $. Le Ministère de l'Emploi et de l'Immigration finance 21 840 $ alors que Val Saint-Côme fournit 43 900 $ pour le système à neige et l'aménagement de nouvelles pistes.

Dans tous les articles communiqués aux journaux, l'accent est mis sur la neige artificielle.

La Coupe Sealtest revient encore à Val Saint-Côme lors de la saison 1983-84. Une autre activité, la coupe McDonald, est également présente à Val Saint-Côme. Le calendrier des activités de cette année-là à Val Saint-Côme apparaît dans l'encart suivant :

10-11 déc. 83 :	Stage niveau 1
7 janvier 84 :	Début des cours de l'école de ski
5, 12, 19 et 26 janvier :	Compétitions de la coupe McDonald
15 et 22 janvier 84 :	Pratiques de la coupe McDonald
8 janvier 84 :	Compétition Peter Duncan
21 au 27 janvier 84 :	Semaine nationale du ski
22 janvier 84 :	Deuxième pratique de la coupe McDonald
29 janvier 84 :	Finale régionale des jeux du Québec
4 février 84 :	Compétition Carnaval Val Saint-Côme
11 février 84 :	Coupe Sealtest en bosses et sauts
12 février 84 :	Coupe Sealtest en ballet
3 mars 84 :	Compétition de l'école de ski
4 mars 84 :	Finale de la coupe McDonald
10 mars 84 :	Challenge des moniteurs
11 mars 84 :	Course Côme-hic

Le programme des activités de la station était transmis à chaque semaine aux journaux régionaux.

Encore La presse...

C'est encore un article d'Yves Létourneau dans La Presse, édition du jeudi 29 décembre 1983, intitulé *Le rêve d'Hugues Boisvert est devenu réalité* et en gros titre *Val Saint-Côme sur la pente ascendante* qui nous remet sur la carte. Il est abondamment question de la neige artificielle et de la vocation familiale de Val Saint-Côme. Le positionnement de la station de ski familiale par excellence y est grandement renforcé. Voici quelques extraits de l'article :

« Sous l'impulsion d'Hugues Boisvert, Val Saint-Côme est en train de devenir une station qui n'aura plus rien à envier à quelques-unes des plus cotées des Basses-Laurentides »

« Cette année, les administrateurs de Val Saint-Côme se sont donné un système de fabrication de neige... »

« Val-Saint-Côme devient la plus importante station de ski alpin de Lanaudière, la seule à pouvoir enneiger ses pistes artificiellement. »

« Val Saint-Côme est par vocation une station de ski familiale : les boîtes à lunch, interdites dans plusieurs stations plus huppées, sont les bienvenues à Val Saint-Côme... »

Dans un autre article, celui-ci du 1er mars 1984, intitulé *Des conditions de neige excellentes, Tout repart à neuf!*, Yves Létourneau parle des conditions excellentes dans toutes les régions du Québec, et il n'oublie pas de souligner les excellentes conditions de neige à Val Saint-Côme.

Enfin, dans un autre article paru le 22 mars, intitulé *Les canons à neige font la différence, Ne remisez surtout pas vos skis... C'est le printemps!*, il y a un paragraphe intitulé *Lanaudière également* où il mentionne Val Saint-Côme et Mont Garceau.

La saison de la survie, 1983-1984

Ces articles ont contribué de manière importante à élargir notre bassin de clientèle.

LES APPRENTISSAGES D'UNE SAISON EXCEPTIONNELLE

La gestion financière et l'exploitation...

Accueillant plus de 8 000 skieurs en décembre, alors qu'elle était fermée l'hiver précédent durant la période des fêtes, la station a vu sa gestion financière grandement facilitée.

La publicité apportée par les articles de journaux met l'accent sur la neige fabriquée artificiellement. En mots couverts, la neige artificielle devient synonyme d'excellentes conditions de ski.

Par contre, l'exploitation du système de fabrication de neige est en soi un apprentissage qui a encore demandé beaucoup de travail non rémunéré. Celui-ci n'était pas du tout automatisé, comme on pourrait l'imaginer. L'inexpérience du personnel avec ce système maison a occasionné plusieurs interruptions : l'eau a gelé dans les tuyaux, la circulation n'étant pas assez rapide. Par la force des choses, nous avons appris à dégeler des tuyaux dans la montagne, en coupant la portion gelée des tuyaux, en les chauffant pour évacuer les boudins de glace et les ressouder pour reprendre ensuite la fabrication de la neige.

La mise en marché...

Nos efforts de mise en marché ont été timides, compte tenu des fonds disponibles en début de saison. La publicité a été totalement centrée sur la neige artificielle. L'envoi de communiqués aux journaux locaux s'est fait à toutes les semaines. Ma position de président de l'APSSQ me met en contact régulièrement avec des journalistes et des pigistes. Je les alimente en information et ils n'oublient pas Val Saint-Côme dans leurs articles.

Les associés…

Nous sommes maintenant 11 associés, avec l'ajout de 5 nouveaux associés avant la saison. La cohésion est encore présente au sein du groupe. Les nouveaux actionnaires ne représentent encore que 16 % du capital émis. De plus, le succès de la saison qui vient de se terminer nous redonne espoir. Toutefois, ce fut une autre histoire à la fin de la saison 1985-86 alors que les résultats financiers n'ont pas été au rendez-vous et que plusieurs d'entre nous avaient encore ajouté à leur participation initiale au capital.

FAITS À RETENIR DE LA CINQUIÈME SAISON

Cinq faits sont à retenir :

- L'impact des articles d'Yves Létourneau dans La Presse a été un baume sur les misères de la saison précédente et une véritable reconnaissance de Val Saint-Côme;

- La station de ski à Val Saint-Côme peut espérer avoir du succès;

- La vocation familiale de la station de ski se confirme;

- La vocation d'une station favorable aux compétitions s'ajoute à la station de ski familiale;

- Le désastre financier de la saison précédente est vite oublié avec le succès.

CHAPITRE 11

DES DÉCISIONS AMBITIEUSES LORS DE LA SAISON 1984-1985

Au 30 avril 1985, la station a accueilli 48 033 skieurs, comparativement à 35 815 skieurs durant l'excellente année précédente. Elle a compté pratiquement le même nombre de jours ski et de jours avec plus de 200 skieurs. L'ajout du ski en soirée a permis une fréquentation record le dimanche 10 mars 1984 avec 1 672 skieurs comparativement à la journée record de 1 287 lors de la saison précédente.

Le succès au guichet est au rendez-vous. Malheureusement, les résultats financiers ont été moindres que ceux de l'exercice précédent, avec une diminution de plus de 100 000 $ du bénéfice. Que s'est-il passé? La gérance est pointée du doigt.

L'AVANT-SAISON

Au printemps de 1984, trois grands chantiers ont été mis en branle : le lancement de la Société d'initiative et de développement de la Vallée St-Côme, le développement d'un plan stratégique pour la station et la préparation d'une importante demande de subvention.

LA SOCIÉTÉ D'INITIATIVE ET DE DÉVELOPPEMENT DE LA VALLÉE ST-CÔME

Le mardi 17 avril 1984, encouragé par le succès de la saison qui vient de se terminer, inspiré par le lancement de la Société de développement de la Montagne noire à St-Donat qui promet un développement majeur, j'organise une rencontre à Val Saint-Côme en vue de lancer l'idée de la Société d'initiative et de développement de la Vallée St-Côme. Toute demande de subvention ultérieure serait grandement facilitée si elle avait l'appui d'un tel organisme.

En effet, l'esprit des politiques de subvention du gouvernement vise à favoriser le développement régional d'une part et le développement touristique d'autre part. Cela signifie que la concertation du milieu est un facteur clé de l'évaluation des projets. Cela signifie également que les subventions accordées à l'industrie du ski le seront à la condition que les centres de ski se transforment en véritables destinations touristiques.

Étaient présents à la rencontre, Bernard Demers, Gilles Lepage, Jean-Claude Pelletier, Denis Morin, Claude Lefebvre, Benoit Gagné, Raymond Morin, Jean-Pierre Larochelle, Mario Boisvert, Hugues Boisvert, John Redmond et Roland Granger.

Gilles Lepage, maire de St-Côme, ouvre la rencontre en soulignant l'importance de se regrouper pour réaliser le développement de St-Côme. J'interviens ensuite pour reprendre l'objectif énoncé et parler des moyens pour y arriver, en m'inspirant d'un projet de la montagne noire à Saint-Donat. Roland Granger du CRDL est intervenu pour parler de développement régional, suivi de John Redmond de TDL. Bernard Demers du Camp Richelieu à St-Côme est également intervenu. Il y a eu un tour de table et suite à cette rencontre, chacun a versé 5 $ pour créer un fond et un comité provisoire a été formé. Bernard Demers en assume la présidence et Hugues Boisvert en est le secrétaire avec le mandat suivant : « Rassembler tous les éléments permettant la création formelle de la Société d'initiative et de développement de la Vallée de St-Côme. »

Monsieur Luc Titley, urbaniste et vice-président de la firme Daniel Arbour & Associés, a été contacté afin de nous présenter les conditions d'une étude visant la réalisation d'une stratégie de développement touristique pour la Vallée de St-Côme. Monsieur Titley est

Des décisions ambitieuses lors de la saison 1984-1985

venu à St-Côme le dimanche 16 septembre 1984 à 19h00, pour nous présenter une soumission de 60 000 $ pour faire le projet d'étude. Pour payer ce montant, il est possible d'avoir une subvention, à condition de recueillir au moins 6 000 $ du milieu.

Avec un FDR déficitaire de 54 199 $ au 30 avril 1984, la station n'est pas en position de payer seule ce montant, d'autant plus que la contribution devrait venir de l'ensemble des intervenants de la région à qui profiterait le plan de développement. Le projet est reporté. Val Saint-Côme a tout de même donné à cette firme un mandat plus restreint pour le développement d'un plan d'hébergement locatif. Ceci a mené à la construction du premier lot de seize condos à Val Saint-Côme à l'été 1985.

LE DÉVELOPPEMENT D'UN PLAN STRATÉGIQUE

Les récentes politiques de subvention du MLCP, ministère responsable des stations de ski, exigent le dépôt d'un plan stratégique. Ces politiques visent à transformer les centres de ski en stations de ski touristiques. En effet, les études révèlent que la viabilité à long terme des centres de ski ne peut être assurée que par l'augmentation des clientèles de semaine. Les politiques souhaitent donc transformer l'industrie du ski en une industrie de destination vacances.

Dans le cas de Val Saint-Côme, il devient donc impératif de transformer la station en station de ski touristique par le développement d'une activité d'hébergement locatif. Or, une activité d'hébergement locatif ne peut pas être rentable si elle demeure saisonnière. Cela signifie donc aussi, qu'à moyen terme, Val Saint-Côme devait élargir sa vocation pour opérer sur quatre saisons.

La réflexion stratégique est allée en ce sens.

LA DEMANDE DE SUBVENTION

Compte tenu des nouvelles exigences de la politique de subvention et du montant demandé initialement, soit près de 1 million de dollars, la préparation de la demande de subvention prend un peu plus de temps. Quelques voyages à Québec ont été nécessaires, pour rencontrer les responsables au Ministère, de manière à faire les ajustements requis pour favoriser l'acceptation de la demande.

Finalement, la bonne nouvelle est arrivée vers la mi-juin. Val Saint-Côme se voit accorder une subvention de 503 050 $ sur deux ans, soit 446 800 $ la première année et 56 250 $ la deuxième année. Un plan de développement nous a été demandé, qui a été fait par la firme Daniel Arbour & associés, celui qui a mené à la construction du premier lot de seize condos locatifs à Val Saint-Côme.

LES TRAVAUX DANS LA MONTAGNE

L'été 1984 a été consacré à l'installation du télésiège quadruple dans une ligne parallèle au télésiège triple; à l'installation des lumières pour le ski en soirée sur trois pistes *Autoroute*, *Gollé* et *Grand prix*; au déboisement de la piste *Boulevard*; ainsi qu'à un agrandissement du bâtiment principal afin d'accueillir un bar. Ces immobilisations ont totalisé 1 400 000 $, déduction faite du montant reçu de la subvention. Un investissement total de près de 1 850 000 $ a donc été requis.

L'installation du télésiège quadruple nous est parue facile par rapport à l'installation du télésiège triple quatre ans plus tôt, mais, couler les fondations en hélicoptère et fixer les tours sur les bases en une heure et quelques minutes est toujours une opération spectaculaire.

Le déboisement de la piste *Boulevard* nous révèle un autre flanc de la montagne à l'est.

LA SAISON HIVERNALE

La saison a débuté tardivement, le samedi 15 décembre, mais elle s'est aussi terminée tard, le dimanche 21 avril, ce qui est exceptionnel. Nous avons accueilli 10 000 skieurs de plus que la saison précédente, aidés par le ski en soirée.

Des décisions ambitieuses lors de la saison 1984-1985

Cependant les résultats financiers ont été moins reluisants qu'à l'exercice précédent, malgré une augmentation de 25 % de la clientèle. Les relations entre le personnel, les gestionnaires et les actionnaires deviennent aussi plus distantes.

La présidence de l'APSSQ me prend plus de temps. Deux dossiers chauds, celui des assurances et celui des taxes municipales, frappent plusieurs stations de ski.

La croissance de Val Saint-Côme me rend plus difficile la gestion à distance. Des éléments semblent échapper au contrôle exercé jusqu'à maintenant, je dois déléguer davantage. La communication régulière entre les six fondateurs n'est plus possible, par manque de temps.

VAL SAINT-CÔME DANS LES MÉDIAS À L'AUTOMNE 1984

Pour mieux faire connaître la station, au cours de l'automne, un ultra-marathon de 60 kilomètres a été organisé par Louis Sternon du club de course à pied de Joliette Les Pieds Marathon. Huit coureurs ont complété la distance de l'ultra-marathon, de Joliette à Val Saint-Côme, accompagnés par plusieurs membres du club. Tous se retrouvent à la station de ski à la fin de l'épreuve. Celui-ci fut gagné par Jean-Guy Fournelle, suivi de Jean-Pierre Sansregret. Le légendaire Phil Latulipe a aussi complété l'épreuve.

LA SAISON 1984-85 DANS LES MÉDIAS

Val Saint-Côme est présent régulièrement dans les journaux régionaux.

Dans le journal l'Action, édition du 6 novembre 1984, un article de Marc Laporte intitulé *Dans le feu de l'action, Val Saint-Côme accède au Circuit Majeur des Stations de ski alpin*, mentionne :

« Val Saint-Côme, ce n'est plus la petite station de ski alpin modeste des années 79-80, celle qui débutait alors timidement, et dont l'accès pour les mordus du ski était loin d'être facile, les derniers kilomètres

Aux origines de Val Saint-Côme

séparant le Centre de ski de la Municipalité de St-Côme étant presque impraticables au printemps. »

Dans l'Écho de Louiseville/Berthier, édition du 31 octobre 1984, Jean-Guy Pinel a écrit un article intitulé *Val Saint-Côme : amélioration de 1,3 $ million sur deux ans*, écrit :

« Le nouveau projet permettra à la station de ski d'installer un nouveau télésiège quadruple, près du télésiège triple déjà existant. » Un peu plus loin, on mentionne l'agrandissement du bâtiment principal, incluant un bar, l'éclairage et l'aménagement d'hébergement locatif.

Dans le Joliette Journal, Gilles Loyer dans la section Économie, édition du 24 octobre, dans un article intitulé *Investissement de 1 341 000 $ à Val Saint-Côme*, on peut lire :

« Le député de Joliette et ministre du Loisir, de la Chasse et de la Pêche, Guy Chevrette, annonce qu'une subvention de 503 000 $ a été accordée à Val Saint-Côme dans le cadre de la politique québécoise pour le ski alpin. »

Plusieurs titres font la manchette des journaux régionaux :

- *Investissement de 503 000 $ à la station de ski Val Saint-Côme*, L'artisan, édition du 20 novembre 1984;
- *Un télésiège quadruple à Val Saint-Côme*, Journal L'Action du 6 novembre 1984;
- *Skions de Lanaudière*, Joliette Journal, édition du 21 novembre 1984;
- *Concentration de leaders dans Lanaudière*, Joliette Journal, édition du 21 août 1985.

Encore La Presse...

Dans la section Économie de La Presse, édition du 11 février 1985, un article de Jean-Paul Charbonneau intitulé *Le ski dans les Laurentides, une industrie qui repose sur des conditions... artificielles*,

Des décisions ambitieuses lors de la saison 1984-1985

montre deux photos, la mienne comme président de l'APSSQ et une photo du télésiège quadruple de Val Saint-Côme.

Encore Yves Létourneau dans La Presse

Yves Létourneau récidive encore cette saison dans l'édition du 10 janvier 1985 avec un article intitulé *Une journée record à Val Saint-Côme*. Il écrit :

« La dynamique station de Val Saint-Côme a connu en fin de semaine dernière une journée record. D'ordinaire une telle journée se traduit en longues files d'attente aux remontées mécaniques. Mais le président de cette station de ski de Lanaudière, Hugues Boisvert, avait résolu d'avance ce problème en faisant installer à sa station le premier télésiège quadruple qu'on puisse voir en opération dans la région montréalaise (à Québec, il y en a un à la station de ski Stoneham). »

En février 1985, il y a un autre article dans Le Caducée, journal des diplômés HEC, intitulé, *Journée de ski alpin Diplômés HEC le dimanche 17 mars à Val Saint-Côme*. Un autre article reparaît pour rendre compte de la journée à Val Saint-Côme dans le cadre des Rencontres sportives HEC 1985, en compagnie de Yves Lacroix 1969, président de ces rencontres cette année-là.

LES APPRENTISSAGES D'UNE ORGANISATION EN PLEINE CROISSANCE

L'exploitation…

Avec la croissance de la station et le ski en soirée, s'accumulent les problèmes d'équipement d'entretien des pistes. Nous maîtrisons mieux la fabrication de la neige, mais l'équipement pour l'entretien des pistes coûte cher en réparations.

Les coûts d'électricité augmentent encore avec le ski en soirée.

Avec le télésiège quadruple et le ski en soirée, le nombre d'employés s'est accru et la gestion en devient plus complexe. L'aménagement des cédules de travail ne plait pas à tous.

Les weekends servent à régler des problèmes, mais ce n'est pas suffisant. Les avant-midi servent à répondre aux demandes pressantes, à signer des chèques et à m'assurer que la comptabilité est à jour.

La mise en marché...

Pour la première fois, la station a préparé un dépliant publicitaire en quatre couleurs. L'école de ski y annonce des départs, tous les samedis durant 8 semaines à partir de cinq localités régionales, Berthier, Crabtree, Joliette, Lavaltrie et Repentigny.

Les associés...

La bonne harmonie entre les associés est touchée par plusieurs facteurs. Le temps manque à chacun pour se parler. En revanche, les nouveaux actionnaires ayant fait des apports additionnels interviennent plus fréquemment, auprès de l'un ou de l'autre d'entre nous, ce qui a pour effet de générer de la frustration.

Considérant l'augmentation de 10 000 skieurs, il est difficile de comprendre la diminution de 100 000 $ dans les bénéfices. Les concessions sont devenues moins rentables, 1 % en moins du dollar de revenus malgré l'ajout du bar. La critique envers le gérant se fait plus intense, ce qui m'incite finalement à penser que le temps était venu pour la station de se doter d'un gestionnaire plus expérimenté.

J'aviserai le gérant à la fin de la saison que son contrat ne serait pas renouvelé.

FAITS À RETENIR DE LA SIXIÈME SAISON

Quatre faits sont à retenir :

- La station de ski Val Saint-Côme a su encore faire parler d'elle à plusieurs reprises, dans La Presse comme dans les

Des décisions ambitieuses lors de la saison 1984-1985

journaux régionaux. L'image projetée est celle d'une station de ski alpin dynamique en plein essor;

- Avec deux télésièges (un triple et un quadruple) et un T-Bar, la neige artificielle et le ski en soirée; avec le restaurant agrandi, un bar, la boutique (ventes et location); avec l'école de ski et la maternelle, Val Saint-Côme présente une gamme presque complète de services. Il ne manque que l'hébergement locatif qui viendra la saison suivante;

- Avec le deuxième ajout d'actionnaires et les apports additionnels de ceux qui s'étaient ajoutés l'année précédente, la quote-part des six fondateurs a été réduite à 69 %. Le temps du travail sans rémunération des six fondateurs est révolu et le besoin de montrer un retour sur investissement se fait sentir;

- Jusque-là, les six fondateurs s'étaient donnés sans compter et avaient travaillé sans rémunération. Je peux comprendre la frustration grandissante de mes amis de la première heure, de voir les bénéfices diminués malgré une augmentation substantielle des revenus.

CHAPITRE 12

LA DURE PRISE DE CONSCIENCE DE LA SAISON 1985-1986

La septième saison de la station a été marquée par des événements déterminants.

D'un côté, la saison 1985-86 connaît dans les journaux, la Presse en particulier, plusieurs articles très élogieux. L'image positive de Val Saint-Côme atteint un niveau jamais vu auparavant et ses revenus bruts augmentent de plus de 100 000 $. Il s'agit d'une augmentation de près de 18 % par rapport aux résultats de l'année précédente, eux-mêmes en croissance de 50 % sur l'année précédente. L'image de Val Saint-Côme est excellente et ses revenus bruts confirment sa réussite.

Mais, de l'autre côté, la station subira le plus important déficit financier des sept premières années d'opération. Le ratio de la structure de capitalisation en particulier dégringole de 1,35 à 0,80 et redevient inférieur à 1,0, le seuil minimum acceptable.

Que s'est-il passé?

REGARD DES MÉDIAS SUR LA SAISON 1985-86

Avec la première série d'un lot de 16 condominiums locatifs, Val Saint-Côme accède au statut de station de ski touristique. Un article de Gilles Loyer dans le Joliette Journal, édition du 2 octobre 1985,

Aux origines de Val Saint-Côme

titre « Investissement de 900 000 $, Val Saint-Côme devient station touristique » et décrit le projet dans ses moindres détails :

« Seize condominiums d'une valeur totale de 900 000 $ seront construits à Val Saint-Côme. Commencés depuis le début de septembre, les travaux seront parachevés pour la mi-novembre. »

Et encore La Presse...

Dans la section économie, édition du 11 janvier 1986, un article de Michel Girard, intitulé *Le ski effectue une remontée spectaculaire* porte sur l'économie québécoise du ski, il écrit :

« Le président de l'APSSQ et propriétaire du centre Val Saint-Côme, Hugues Boisvert, y voit également deux autres raisons : la bonne santé de notre économie invite les Québécois à dépenser plus pour leurs loisirs et, d'autre part, la baisse du dollar canadien a pour effet pour nombre de familles à passer leurs vacances des fêtes ici au lieu de s'envoler vers la Floride et vers d'autres destinations. Les skieurs québécois ont moins d'intérêt à aller skier dans les stations américaines. »

Dans la section intitulée *Profil d'entreprise* de la même édition, un article intitulé *Sortie de la forêt de St-Côme, une station de ski en plein essor*, Jean-Paul Charbonneau raconte les débuts de la station et de la construction des premiers condominiums. Il reprend les grandes lignes des origines de Val Saint-Côme.

Puis, dans un troisième article, Yves Létourneau, édition du 27 décembre 1985, débute par une section intitulée *Val Saint-Côme grandit*. Il résume les points forts de la station : télésiège triple, télésiège quadruple, neige artificielle, ski en soirée et maintenant condominiums. Il écrit :

« Pour l'instant Val Saint-Côme est une station à caractère familial. La majorité des abonnés est constituée de familles complètes. Mais, l'intention est de la transformer petit à petit, en station touristique. Car l'impact économique est considérable sur la région. »

UNE DURE PRISE DE CONSCIENCE

La gestion financière et l'exploitation...

Nous croyions avoir connu nos pires indicateurs financiers, à la fin de la saison 1982-83. Or, au 30 avril 1986, les indicateurs financiers étaient encore pires, mais, cette fois-ci, les skieurs étaient au rendez-vous.

Tous les postes de charges ont augmenté. La perte était due en partie au projet de condominiums (augmentation de l'utilisation du dollar de revenus de 12 %), en partie à l'accroissement du personnel (augmentation de l'utilisation du dollar de revenus de 13 %), en partie à la fabrication de la neige et à l'entretien des pistes (augmentation de l'utilisation du dollar de revenus de 12 %), en partie à l'augmentation des frais d'administration (augmentation de l'utilisation du dollar de revenus de 4 %), et en partie à l'augmentation des frais financiers (augmentation de l'utilisation du dollar de revenus de 3 %).

Il y avait un important redressement à faire. Je voyais chaque mois les résultats financiers déraper, sans pouvoir en trouver la cause de manière précise.

Les pépins de la saison...

Malgré que décembre ait été particulièrement clément, un bref refroidissement avait permis d'enneiger quelques pistes avant les fêtes. Le premier pépin de la saison est survenu le 23 décembre. Anxieux d'arriver à la station pour les vacances des fêtes, le gérant m'accueille visiblement épuisé. Il avait consacré beaucoup d'énergie à la fabrication de la neige et il me dit « Les tuyaux sont gelés dans le haut de la piste *Grand Prix*, les employés sont épuisés, ils n'en peuvent plus, c'est Noël dans 2 jours. Je leur ai donné congé, nous dégèlerons le lendemain de Noël ».

Nous avons effectivement dégelé le lendemain de Noël avec l'aide de Réal Pagette qui a coupé les tuyaux pendant qu'on les réchauffait pour évacuer les boudins de glace. Puis, couché dans la neige, il les soudait avec l'aide de quelques-uns d'entre nous. Au cours des quatre premières années d'opération, cela aurait été une situation normale car la station nous appartenait totalement. Mais, en décembre 1985, la station n'appartient plus exclusivement à ses fondateurs, mais à 15 actionnaires. Les fondateurs ne représentent plus que 69 % de l'avoir des propriétaires. Aussi, cette situation était pour plusieurs d'autant plus incompréhensible que nous avions le sentiment d'avoir bâti une importante force de travail avec nos employés (avec 40 % d'utilisation des revenus, le pourcentage le plus élevé consenti au personnel en 7 ans). Ont alors surgi des frustrations et des critiques que je n'avais jamais entendues auparavant.

Il y eut plusieurs autres pépins du genre au cours de la saison. Le coût des équipements d'entretien des pistes en particulier ne cessait d'augmenter. Un des actionnaires s'est alors proposé comme surintendant de l'entretien des pistes pour la saison suivante. Sa proposition a été rejetée, semant une certaine discorde entre nous : certains doutaient de ses intentions véritables, sa quote-part en tant qu'actionnaire étant devenue à leurs yeux trop élevée.

Le rapport financier que je produisais chaque mois pour les actionnaires accumulait les critiques, au fur et à mesure que les résultats se précisaient. Plus la saison avançait, plus les critiques se faisaient acerbes.

D'un côté, les journaux n'avaient que des éloges pour Val Saint-Côme et il y avait un succès au guichet, et, de l'autre, les résultats financiers laissaient entrevoir un déficit important.

Pour la deuxième saison de suite, le gérant a été remercié à la fin de la saison.

La dynamique des actionnaires…

Les actionnaires ne comprenaient pas comment les résultats financiers avaient pu se dégrader autant au cours des deux dernières saisons! Les excuses n'étaient plus acceptables, il fallait montrer un

La dure prise de conscience de la saison 1985-1986

résultat positif! La station avait connu une croissance importante, le succès au guichet en témoignait. La clientèle avait été de plus en plus nombreuse au cours des trois dernières années : il était normal d'anticiper un retour des bénéfices!

Aussi, la dynamique des actionnaires avait évolué, déçus de voir si peu valorisés les efforts consentis par chacun depuis le début par du travail non rémunéré. Devant les pires résultats financiers depuis l'ouverture de la station, c'était à mon tour de recevoir les critiques.

La gestion de la station avait franchi une autre étape cruciale.

Il ne m'était plus possible de gérer à distance. À la fin de la saison, ma priorité fut de planifier le resserrement du système de contrôle : je voulais me donner de l'information pour être capable d'interagir en temps réel de manière à ce que les coûts n'augmentent pas plus rapidement que les revenus. Agissant comme gérant intérimaire, j'ai mis de l'ordre dans tous les dossiers. Je me préparais à relever le défi de la gérance de la station, si tel était le souhait de l'Assemblée générale annuelle en juillet.

L'Assemblée refusa ma proposition par un vote serré.

J'estimai alors que le temps était venu de laisser la direction à quelqu'un d'autre.

Je garde de merveilleux souvenirs à la direction de l'entreprise.

FAITS À RETENIR DE LA SEPTIÈME SAISON

Six faits sont à retenir :

- La réputation de la station de ski progresse de manière fulgurante;
- Les revenus continuent à progresser;

- Les piètres résultats financiers n'étaient connus que des actionnaires;

- La gestion à distance n'était plus possible;

- L'élargissement du groupe d'actionnaires avait été utile pour assurer la survie de l'entreprise au 30 avril 1983, mais avait affecté la cohésion des fondateurs;

- La dilution de l'investissement initial des six fondateurs qui y avaient mis tant de travail non rémunéré avait changé la dynamique du groupe.

PARTIE IV

L'HISTOIRE EN PHOTOS

L'histoire en photos

LA MONTAGNE, ÉTÉ 1978, AVANT LE DÉBUT DU DÉBOISEMENT.

**LE BAS DE LA MONTAGNE À L'ÉTÉ 1979,
SACCAGÉ PAR DES COUPES DE BOIS FAITES AVANT 1978.**

Aux origines de Val Saint-Côme

L'AMÉNAGEMENT DE LA PISTE DU T-BAR, ÉTÉ 1979.

LES PISTES *AUTOROUTE* ET *GOLLÉ* À L'ÉTÉ 1979.

L'histoire en photos

LES PISTES *AUTOROUTE* ET *GOLLÉ* À L'AUTOMNE 1979.

LE 19 JANVIER 1980, JOURNÉE DE L'INAUGURATION DE LA STATION. LES SIX FONDATEURS, DE GAUCHE À DROITE, HUGUES, ALFRED, CLAUDE, BERNARD ET MARIO, JEAN-GUY DEVANT.

LA PREMIÈRE NEIGE AU DÉBUT DE DÉCEMBRE 1979
ET JEAN BOISVERT LE PREMIER SKIEUR DE VAL SAINT-CÔME.

L'histoire en photos

VAL SAINT-CÔME, STATION DE SKI FAMILIALE, MARIO BOISVERT, SON ÉPOUSE CARMEN ET LEURS JUMELLES CAROLINE ET MÉLANIE, EN FÉVRIER 1980.

Aux origines de Val Saint-Côme

VAL SAINT-CÔME, STATION DE SKI FAMILIALE, FÉVRIER 1980, JEAN BOISVERT ET SES DEUX PETITS-ENFANTS, ÉRIC ET GUYLAINE.

LES QUATRE EMPLOYÉS DE VAL SAINT-CÔME, DENIS THÉRIAULT, JEAN-CLAUDE BLAIS, HERVÉ GAGNÉ ET RÉAL BORDELEAU, MARS 1980.

L'histoire en photos

À L'ASSAUT DE LA PISTE *GRAND PRIX*, 6H00 LE MATIN
UN WEEKEND DE MAI, HUGUES, ALFRED ET CLAUDE
AVEC LUNCHS ET SCIES MÉCANIQUES, MAI 1980.

LES FONDATIONS DU TÉLÉSIÈGE TRIPLE. FORAGE DU ROC PAR JEAN-GUY ET CLAUDE À LA TOUR NO 8, ÉTÉ 1980.

LE TRANSPORT DU FOIN SUR LA MONTAGNE À L'AIDE DE L'HÉLICOPTÈRE, ÉTÉ 1980.

L'histoire en photos

LE COULAGE DU BÉTON À LA TOUR NO 8, ÉTÉ 1980.

LA FIN DE LA JOURNÉE DU COULAGE DU BÉTON :
ALFRED GEISMAYR ET BERNARD COUTU.

L'AGRANDISSEMENT DU BÂTIMENT PRINCIPAL EN OCTOBRE 1980 PAR LES FONDATEURS. CELA NOUS A VALU LA PÉNALITÉ DE LA BFD, QUI NE POUVAIT PAS CROIRE CE QUE NOUS AVIONS FAIT.

L'histoire en photos

**L'INSTALLATION DES TOURS EN UN TEMPS
RECORD DE 1H10, AUTOMNE 1980.**

Aux origines de Val Saint-Côme

CONSTRUCTION PAR LES FONDATEURS DE L'AIRE
D'ARRIVÉE DU TÉLÉSIÈGE TRIPLE À LA MI-DÉCEMBRE 1980.

L'histoire en photos

ON SKIE À VAL SAINT-CÔME AU DÉBUT FÉVRIER 1981,
LE TÉLÉSIÈGE TRIPLE ET LA PISTE *GRAND PRIX*.

ON SKIE À VAL SAINT-CÔME DÉBUT MARS, LES TOURS TROIS COULEURS DU TÉLÉSIÈGE TRIPLE. MARTHE LEMIRE, BERNARD GAGNON ET HUGUETTE GAGNON À LA TOUR NO 8, FÉVRIER 1981.

LA STATION DE SKI VUE D'UN HÉLICOPTÈRE EN FÉVRIER 1981.

L'histoire en photos

VUE DES PISTES EN 1984.

LA PISTE DE BOSSES POUR LES ÉPREUVES DE SKI ACROBATIQUE.

Aux origines de Val Saint-Côme

LES CLUBS DE COMPÉTITION, 2012.

LES CLUBS DE COMPÉTITION, 2013.

PARTIE V

ÉPILOGUE

CHAPITRE 13

UN HOMMAGE AUX FONDATEURS

Après toutes ces années, je veux rendre un hommage aux fondateurs de Val Saint-Côme. Je veux les remercier sincèrement d'avoir participé à la création d'une station de ski, devenue un moteur économique important de la région.

Je remercie également les autres actionnaires qui se sont ajoutés dans des moments difficiles et ont cru dans l'entreprise.

Cependant, Val Saint-Côme est devenue ce qu'elle est aujourd'hui, d'abord et avant tout par l'implication totale, le travail non rémunéré et le dévouement sans réserve des fondateurs les premières années de cette odyssée époustouflante.

J'ai bien sûr parlé de moi dans ce livre en abordant la gestion financière qui a été au cœur de mes préoccupations. Je veux insister et dire que, sans l'apport de chacun des fondateurs à différents moments, Val Saint-Côme n'aurait pas été possible.

Hommage à Mario

Les discussions sur Val Saint-Côme ont pris naissance à la maison, ce qui avait le don d'énerver ma mère qui s'inquiétait de nous voir nous embarquer dans une telle aventure. Nous avons bien marché deux autres montagnes avant d'arrêter notre choix à la montagne de Val Saint-Côme.

L'apport majeur de Mario fut les relations qu'il a établies avec les organismes régionaux, en particulier le Conseil régional de dévelop-

Aux origines de Val Saint-Côme

pement de Lanaudière (CRDL) et l'organisme Tourisme de Lanaudière (TDL). L'appui du CRDL et celui de TDL auprès des autorités politiques ont été déterminants dans l'appui des autorités politiques à nos demandes de subventions.

Mario a eu aussi la responsabilité de l'école de ski qui a été au cœur de la stratégie de développement d'une station de ski familiale.

Durant ces années, Mario a agi comme vice-président de l'entreprise.

Merci Mario.

Hommage à Bernard

Bernard s'est joint à Mario et moi au sein de les Entreprises MBH Inc. Rappelons M pour Mario, B pour Bernard et H pour Hugues. Les Entreprises MBH Inc ont acheté le terrain de M. Hervé Blais plus de 18 mois avant que l'on puisse accueillir le premier skieur. Bernard a été des premières discussions, des premières décisions et des premières excursions dans la montagne pour marquer les pistes. Il est aussi celui qui a contacté la plupart des fournisseurs locaux de services de machinerie lourde, Jobert de Ste-Émilie, Généreux de St-Jean-de-Matha et des entrepreneurs électriciens, plombiers, portes et fenêtres. Il a été notre conseiller dans la construction des bâtiments.

Bernard a été omniprésent dans toutes les décisions qui ont marqué les premières années de Val Saint-Côme. Bernard a agi comme secrétaire de l'entreprise.

Merci Bernard.

Hommage à Alfred

Alfred Geismayr que j'ai rencontré en mai 1979 a été celui qui a trouvé la solution de la première saison en proposant l'achat d'un T-Bar de seconde main acheté par un petit centre de ski, mais jamais installé et donc qui n'avait jamais servi. Ce fut une acquisition économique qui nous a permis de démarrer la première année sans électricité.

Alfred a fait tous les plans des remontées mécaniques. Sans lui, l'ouverture de Val Saint-Côme aurait probablement été reportée encore d'au moins une année. On peut même se demander si elle aurait été possible un jour.

Merci Alfred.

Hommage à Jean-Guy

Jean-Guy Senez fut l'artisan de toutes les installations de remontées mécaniques et du premier système maison de neige artificielle. Son expertise nous a économisé des milliers de dollars. Nous avons pu réaliser cinq projets majeurs avec des moyens très réduits parce que nous avons littéralement bâti Val Saint-Côme de nos mains.

Forer le roc pour y insérer des ancrages pour fixer les tours dans des endroits presque inaccessibles de la montagne fut l'un des tours de force de Jean-Guy. Dynamiter les caps et les roches encombrantes fut un autre de ses tours de force. L'organisation du coulage de béton et de l'installation des tours par hélicoptère en des temps record témoigne aussi de l'expertise de Jean-Guy.

Merci Jean-Guy.

Hommage à Claude Houde

Claude est un ami du lac Cloutier, de Mario et moi. Adolescents, nous y avons organisé des spectacles de ski nautique ensemble. Claude est venu à la montagne dès nos premières visites. Il y était lors du tracé de la ligne du télésiège triple. Il n'a pas hésité à se joindre à nous lorsqu'Alfred et Jean-Guy sont devenus actionnaires.

Je disais de lui qu'il était le responsable des causes perdues. Imaginez la première année à Val Saint-Côme, il n'y avait pas d'électricité et pas de téléphone, aucun moyen de communication, les cellulaires n'existaient pas. Alors, Claude a fait les démarches qui nous ont amené le premier téléphone public à Val Saint-Côme, et une fois le téléphone public sur place, il nous a été possible d'avoir un téléphone commercial. Je ne sais pas comment il s'y est pris pour faire bouger Bell Canada, mais il a réussi.

La deuxième année, lorsqu'il devenait évident que nous n'aurions pas les chaises du télésiège triple à temps, Claude s'est organisé pour qu'on les assemble nous-mêmes. Ce n'est que deux dossiers parmi plusieurs dont a hérité Claude.

Merci Claude.

Je terminerai en disant qu'à chaque problème opérationnel rencontré, il y avait toujours quelqu'un de nous six pour relever le défi.

Trente ans plus tard, Mario gère la station, Bernard et Claude y sont toujours impliqués.

Mario, Bernard, Alfred, Jean-Guy et Claude m'ont permis de vivre des années palpitantes et riches en émotion. Ils ont contribué à me procurer sept années de défis incroyables omniprésents dans ma mémoire. Lorsque j'ai vu l'épreuve de la Coupe du monde en ski acrobatique (sauts) à Val Saint-Côme en janvier 2013 et que j'ai su qu'en janvier 2014, la dernière épreuve avant les Olympiques en ski acrobatique en bosses et l'avant-dernière en sauts se tiendrait à Val Saint-Côme, j'en ai ressenti une grande fierté.

Mais plus important encore, les fondateurs de Val Saint-Côme ont créé une entreprise qui a eu un impact social important pour plusieurs familles, pour la communauté de St-Côme auquel s'ajoute aujourd'hui un site idéal d'entraînement de plusieurs athlètes olympiques.

Je vous invite à lire les quelques témoignages que j'ai pu recueillir à l'automne 2013.

Amis fondateurs, vous devez être fiers de l'héritage que vous avez laissé.

CHAPITRE 14

LES RETOMBÉES DE LA STATION DE SKI VAL SAINT-CÔME

LES RETOMBÉES EN CHIFFRES

Val Saint-Côme, aujourd'hui, c'est :

- La Coupe du monde;
- Le Centre d'entraînement de l'équipe du Québec;
- Un Club de compétition en bosses;
- Un Club de compétition alpin;
- Une école de ski;
- Une station familiale;
- … et des bienfaits économiques importants pour la région.

La Coupe du monde

Val Saint-Côme a accueilli la Coupe du monde en ski acrobatique, l'épreuve des sauts, pour la première fois en janvier 2013. Elle accueille en 2014 la dernière épreuve de la Coupe du monde de ski acrobatique en bosses et l'avant-dernière en sauts avant les Olympiques de Sotchi en Russie. La liste des pays présents comprend plus de vingt de pays dont la Russie, l'Ukraine, l'Australie, le Japon, la France, la Suisse, l'Italie, l'Angleterre, les États-Unis, la Chine, le Kazakhstan, le Belarus, la Suède, la Finlande, la Norvège, la République tchèque, l'Espagne, l'Iran, l'Allemagne, la Corée et le Canada.[19]

Le Centre d'entraînement de l'équipe du Québec

L'investissement requis pour développer le centre d'entraînement de l'équipe du Québec permettant à nos athlètes de s'entraîner provient en bonne partie de subventions. Or, si on remonte la chaîne des événements en amont, on voit bien que la station de ski Val Saint-Côme a été choisie par la Fédération Québécoise de ski, pour la qualité de l'accueil reçu à la station au fil des ans. Cet accueil chaleureux est le fruit de la stratégie de Val Saint-Côme, car depuis les débuts, la station est très préoccupée par l'accueil fait aux athlètes et à leur équipe pour leur fournir des conditions d'entraînement exceptionnelles.

Plusieurs athlètes du Canada en ski acrobatique et les athlètes de l'épreuve des bosses, viennent aussi s'y entraîner et, en 2012, l'équipe féminine canadienne y est également venue. L'équipe masculine est composée presque exclusivement de québécois qui s'y entraînent durant la période des fêtes.

Un Club de compétition en ski acrobatique, l'épreuve des bosses

Le Club de compétition en ski acrobatique, l'épreuve des bosses, comprend des jeunes athlètes qui aspirent un jour faire partie de l'équipe du Québec. L'équipe du Québec comprend déjà quelques athlètes issus du club de Val Saint-Côme.

Un Club de compétition alpin

Le Club de compétition alpin compte 95 jeunes. La direction du club doit faire une sélection, à partir de critères élevés, car elle ne peut fournir à la demande.

---

[19] Les inscriptions commencent à entrer au moment d'aller sous presse.

Les retombées de la station de ski Val Saint-Côme

Une école de ski

L'école de ski comprend 110 employés dont 90 instructeurs, mais la demande est forte! Un deuxième programme de sport études a dû être refusé parce qu'on aurait eu besoin de plus d'instructeurs. Près de 4 000 personnes, la majorité des enfants et des adolescents sont initiés au ski par l'école chaque année.

Une station familiale

À proximité de la station, on compte aujourd'hui plus de 350 unités d'hébergement, comprenant des condos, des chalets et des roulottes. La station de ski Val Saint-Côme est devenue la station de ski familiale par excellence.

DES BIENFAITS ÉCONOMIQUES IMPORTANTS POUR LA RÉGION

Les taxes payées à la municipalité

Les unités d'habitation procurent des taxes à la municipalité et les familles y consomment des biens et services.

Les emplois directs

Aujourd'hui Val Saint-Côme génère dix emplois, considérés permanents (trente heures par semaine pendant neuf mois) et 85 emplois à temps partiel dont les temps varient entre 50 et 800 heures durant la saison.

LA PAROLE AUX PIONNIERS DE LA STATION

Les personnes suivantes ont été interviewées pour leur relation particulière avec la station Val Saint-Côme : Normand Longchamps, Line Richard, Guy Vincent, Michel Leduc, Suzanne Lavoie et Jean-Pierre Limoges, Omer Crôteau, François Chevrier et Alexandre Bilodeau.

Aux origines de Val Saint-Côme

Le témoignage de Normand Longchamps

Normand est arrivé à St-Côme en 1977. Lui et sa conjointe Thérèse aimaient la campagne et avaient commencé le ski de fond. La première année de Val Saint-Côme en décembre 1979, Normand achète une passe de saison qu'il renouvèlera durant 33 ans. L'histoire de Normand et Thérèse est touchante. Le couple adopte en 1980 deux enfants vietnamiens Anh Tan qui a 14 ans et Doan qui en a 15. Ils me disent :

« Val Saint-Côme a été extraordinaire pour leur intégration au Québec et à la culture québécoise. À l'heure arrivée, ils ne pouvaient même pas se tenir debout sur leurs skis, puis, ils sont devenus des adeptes de la montagne, de très bons skieurs. Ils ont tout de suite été adoptés par la famille Val Saint-Côme. Ma femme et moi avons vécu des moments fantastiques. Nous avons été heureux et comblés grâce à Val Saint-Côme. »

Il ajoute : « Nous n'avions que des amis à Val Saint-Côme en commençant par les propriétaires, toujours présents. Tout le monde se parle à Val Saint-Côme. On ne rencontre que des amis. C'est une atmosphère familiale incroyable. »

Qu'est-ce qu'il y a de changer au village depuis la venue de la station de ski Val St-Côme? Sans hésitation, il me répond :

« J'ai vu plein de petits commerces apparaître au fil des ans. Le village s'est enrichi. Avant les gens travaillaient dans la forêt et dans les pourvoiries. Maintenant, Val Saint-Côme est le plus important employeur. Le village a connu un essor extraordinaire grâce à Val Saint-Côme. C'est devenu un autre village que celui que j'ai connu quand j'y suis arrivé pour la première fois. »

Normand a vendu son chalet, mais est revenu à chaque année soit en louant un condo ou encore en louant une chambre à l'auberge et chaque fois, il a l'impression de revenir en famille.

Les retombées de la station de ski Val Saint-Côme

Le témoignage de Line Richard

Line travaille au restaurant depuis l'hiver 1983-84. Elle est aujourd'hui responsable du secteur restauration. Native de St-Côme, elle est très attachée à la station qu'elle a vu grandir au fil des trente dernières années. Mariée, mère de deux enfants qui ont aussi travaillé à la station, Val Saint-Côme fait partie de sa famille. Elle me dit : « Les clients m'attachent à la station, les jeunes, les vieux, aujourd'hui les enfants de nos premiers clients. On souhaite que nos clients reviennent, et que les enfants de nos clients reviennent. Val Saint-Côme est une affaire de famille. Tout le monde se parle et on essaie de garder un climat de travail agréable. »

Aussi attachée au village qui l'a vue grandir, elle ajoute : « Val Saint-Côme est un moteur économique important pour le village. Il faut que le village et Val Saint-Côme marchent main dans la main, c'est pourquoi je suis devenue conseiller municipal il y a huit ans. La première action que j'ai posée fut d'organiser une rencontre avec le maire et Mario, le directeur de la station. Il faut que la communauté entière soit en harmonie, par exemple avec le Centre du Patrimoine Vivant de Lanaudière (CPV). Il y a aussi une équipe de bénévoles qui gère des sentiers de raquettes et de ski de fond. Les enfants vont faire du ski alpin et les parents vont parfois faire une autre activité. »

Le témoignage de Guy Vincent

Guy est originaire de Lachine, où il travaille encore dans l'entreprise familiale de monuments funéraires. Mais, l'entreprise familiale étant saisonnière, ses hivers étaient libres. Il est venu à Val Saint-Côme pour y skier dès 1981. Il avait des amis à St-Côme et il a décidé un jour de donner son nom pour y travailler, il y est depuis 1984. Il a été embauché l'année de l'installation du télésiège quadruple. Il me rappelle des anecdotes succulentes, le weekend qu'ils avaient acheté toute la farine disponible au village pour la mettre sur la graisse qui sortait du câble du quadruple un jour ensoleillé du printemps. Il me rappelle également les roches ramassées par centaines pour boucher les trous en haut de la piste *Grand Prix*.

Le premier hiver, il a travaillé à l'installation du télésiège quadruple. Il a également travaillé sur la fabrication de la neige artificielle; il me rappelle encore le travail pour dégeler les tuyaux les premières années. Enfin, depuis 23 ans, il est conducteur de BR. Son expertise est reconnue. Il a la responsabilité de préparer les parcours de bosses et les sauts pour les épreuves de la Coupe du monde. Mais, il ajoute : « Mon plaisir est de faire plaisir au monde. Il y a une fierté à préparer les parcours pour les épreuves de compétition, mais j'ai autant de plaisir et de fierté à préparer le *Snow Park* pour les adeptes, les pistes de tous les calibres pour nos clients qui viennent me parler et me montrent leur appréciation. C'est motivant de travailler à Val Saint-Côme et j'y prends un grand plaisir. »

Guy est manifestement heureux d'y travailler depuis 30 ans.

Le témoignage de Michel Leduc

Michel est impliqué avec l'école de ski depuis 1981 qu'il dirige depuis plus de 30 ans. Les premières années, Michel était pompier à la ville de Joliette et travaillait à temps partiel comme directeur de l'école de ski. Depuis 2008, il y est directeur à temps plein. À la question « Qu'est-ce qui t'a amené à Val Saint-Côme? » Il me répond...

« Val Saint-Côme, c'est la plus belle montagne de la région. Le défi que vous m'avez offert au début et qui s'est poursuivi depuis a été pour moi une source de motivation constante. Imagine, les premières années, nous n'étions que 20 à 25 moniteurs. Aujourd'hui, je dirige une école de 110 employés et de 90 instructeurs dont 15 à temps plein qui travaillent sur semaine. Nous manquons de moniteurs sur semaine, il nous a fallu refuser un programme de sport études cette année. »

Puis, il poursuit pour me dire comment la mission de l'école a évolué : « Au début, l'école organisait des voyages en autobus pour amener des enfants à la station. Nous avons eu jusqu'à quinze autobus. Aujourd'hui, ce sont les services de loisirs des municipalités et les clubs optimistes qui organisent les transports en autobus. Notre mission est de répondre aux besoins de la clientèle. Ainsi nous répondons au programme sport-études de l'école secondaire Félix Leclerc de Repentigny depuis six ans. Il y a 255 étudiants dans ce programme; nous en accueillons 100 par jours sur 22 jours. Nous répondons aussi à un programme d'écoles primaires. Il y a 2 500 étudiants dans les classes neige de la maternelle à la 6e année. L'école a été reconnue par l'Association des Stations de ski du Québec (ASSQ) pour ses programmes d'initiation au ski. Dans les programmes de fin de semaine, nous avons 700 élèves répartis en cinq programmes. »

Au-delà des défis relevés au sein de l'école, qu'est-ce qui t'attache à Val Saint-Côme?

« C'est la liberté d'action et la culture de l'organisation qui m'ont permis de m'épanouir et de grandir avec l'école. J'ai toujours été à l'aise dans la gestion du personnel, je n'ai pas l'impression de travailler. L'école de ski, c'est comme une famille. On a eu au fil du temps le père, la mère et les enfants d'une même famille qui y ont travaillé. Mes propres enfants y ont travaillé plus de cinq ans. Aujourd'hui, nos moniteurs à temps plein sont pour la plupart des retraités qui ont skié toute leur vie et viennent initier les enfants des classes neige. L'école, c'est ma famille! »

Le témoignage de Suzanne Lavoie et Jean-Pierre Limoges

Suzanne et Jean-Pierre ont acheté leur condo en décembre 1986. Ils demeuraient à Boucherville et venaient skier à Val Saint-Côme depuis quelques années déjà. Pourquoi à Val Saint-Côme?, leur demandaient leurs voisins et amis. Pourquoi pas les centres des Cantons de l'Est, faciles d'accès par l'Autoroute?

« Parce qu'on se sent bien à Val Saint-Côme. Nous ne sommes pas inquiets de nos quatre enfants. Val Saint-Côme est une station familiale, les enfants peuvent se promener où ils veulent. Tout le monde se parle, c'est comme une grande famille. Quand tu viens à Val Saint-Côme, tu n'es pas un étranger. Les gens y viennent pour le ski et la nature. Quand tu prends une piste, les paysages que tu vois sont sauvages, la vallée et les montagnes avoisinantes. »

Suzanne et Jean-Pierre me racontent ensuite comment dix ans plus tard, ils décident de venir s'y installer en permanence, pour être embauchés à l'école de ski, puis à la boutique dont ils sont propriétaires depuis maintenant dix ans,... mais pour combien de temps encore?

« Nous ne pensions jamais tenir la boutique dix ans. Le temps passe vite et nous envisageons une deuxième retraite, mais une chose est certaine, nous demeurerons à Val Saint-Côme même lorsque nous ne serons plus en mesure de faire du ski. Notre cœur est ici depuis trente ans. Nous avons plein d'amis ici. La station de ski Val Saint-Côme est devenue notre famille. »

Le témoignage d'Omer Crôteau

Omer Crôteau et Janine son épouse en sont à leur 28e année à Val Saint-Côme avec leur famille. Ils avaient acheté leur chalet parce que leurs enfants faisaient du ski. Leur dernier enfant, Frédéric, a été moniteur pendant 14 ans à l'école de ski. Aujourd'hui, le chalet familial accueille régulièrement leurs enfants et leurs sept petits-enfants. Le témoignage d'Omer est touchant.

« Val Saint-Côme est une station familiale. Nous en avons profité, mes enfants en ont profité et maintenant mes petits-enfants en profitent aussi. Nous faisons encore du ski, mais même quand nous ne serons plus en mesure de faire du ski, nous demeurerons encore à Val Saint-Côme. C'est familial, c'est calme et quel plaisir le soir de voir la montagne éclairée et même parfois la nuit de voir les phares des BR entretenir les pistes, c'est féérique. »

Omer me raconte comment Val Saint-Côme l'a aidé à récupérer d'un traitement pour le cancer.

« La chimiothérapie m'a coupé les jambes, le médecin me disait de marcher. Je demandais à Janine de continuer à faire du ski. Moi, je prenais des marches à tous les jours, de plus en plus longues. Les gens venaient me jaser. Ça m'aidait à récupérer. Je n'aurais pas pu faire cela à Montréal ou à Laval. J'avais l'impression d'être dans une grande famille. C'est ça Val Saint-Côme! »

Le témoignage de François Chevrier

François et sa conjointe Pamela sont tous deux diplômés en tourisme de l'ITHQ. Ils sont arrivés à Val Saint-Côme il y a seulement onze ans pour aider un aubergiste français à s'y installer. Leur mandat a duré deux ans, puis ils ont décidé de rester à St-Côme. Les trois premières années, François a aidé Mario à la station à différentes tâches : sécurité, événements spéciaux, patrouille, assurances, site web, marketing... Puis, il a démarré sa propre entreprise *Au Canot volant*. Il organise des excursions en canot, comme la descente de la rivière L'Assomption, à partir du parc du Mont-Tremblant jusqu'à St-Côme.

Depuis deux ans, il est revenu comme moniteur à temps plein sur semaine. Pourquoi être resté à St-Côme? Il me répond : « Pour la qualité de vie, ma conjointe et moi avons décidé de nous y installer en permanence et d'y élever une famille. St-Côme, c'est la liberté de vie, il y a plein de projets à réaliser, plein d'opportunités dans le secteur touristique. Tout est à faire. »

François est candidat aux prochaines élections municipales. Il souhaite s'impliquer également dans la communauté. Pour lui, Val Saint-Côme joue un rôle de véritable moteur économique de la région.

Un mot d'Alexandre Bilodeau

Alexandre Bilodeau est le premier médaillé d'or du Canada aux Olympiques d'hiver. Il termina premier de l'épreuve des bosses en ski acrobatique lors des jeux tenus à Vancouver en 2010. Val Saint-Côme a voulu l'honorer en nommant la piste de bosses la piste *Alexandre Bilodeau*.

Aux origines de Val Saint-Côme

Alexandre m'a écrit ces mots : « Le centre d'excellence de *Val St-Côme* est non seulement une piste de ski de bosses, l'une des plus difficile au monde, mais également un établissement sans compromis pour ses athlètes. Ce centre d'entraînement national encore très jeune, promet non seulement de livrer des événements d'envergure internationale mais également de former de futurs champions du monde. C'est un grand honneur pour moi d'avoir mon nom associé à un tel centre. »

www.ingramcontent.com/pod-product-compliance
Lightning Source LLC
Chambersburg PA
CBHW051130160426
43195CB00014B/2420